ヤクザと憲法

ヤクザと憲法

「暴排条例」は何を守るのか

東海テレビ取材班

岩波書店

目次

序　章　『ヤクザと憲法』が問いかけるもの　1
第1章　組事務所にカメラが入った　33
第2章　ヤクザの日常　69
第3章　「暴排条例」がもたらしたもの　111
第4章　ヤクザを弁護してはいけないのか　133
第5章　「暴排条例」とメディア　「忖度のくに」ニッポン　151
終　章　『ヤクザと憲法』の果実　163
特別寄稿　ヤクザは絶滅危惧種　安田好弘（弁護士）　183
あとがき　191

装丁＝虎尾　隆

映画『ヤクザと憲法』クレジット

プロデューサー：阿武野勝彦
音楽：村井秀清
音楽プロデューサー：岡田こずえ
撮影：中根芳樹
音声：野瀬貴弘
オーサリング：山口幹生
TK：河合舞
音響効果：久保田吉根
CG：松井裕哉
編集：山本哲二
法律監修：安田好弘
映像協力：関西テレビ放送
監督：圡方宏史
制作・配給：東海テレビ放送
配給協力：東風
2015年｜96分｜HD｜16：9｜日本

テレビ版(76分)

＊本書は，圡方宏史が第1章から第5章までを執筆し，阿武野勝彦が序章と終章を執筆し，全体をまとめた．

＊本書に記載の年齢，肩書きは取材当時のものである．

序章　『ヤクザと憲法』が問いかけるもの

「ヤクザ」から「やんちゃ」へ

石原裕次郎主演『嵐を呼ぶ男』（一九五七）という映画があった。そのテーマソングはあまりにも有名だ。映画をリアルタイムで見ていない私でさえ、歌い出しを知っている。

「俺《おい》らはドラマー　やくざなドラマー　俺らがおこれば　嵐を呼ぶぜ」（作詞・井上梅次、作曲・大森盛太郎）。

二〇一〇年、そのカバーバージョンがテレビで流れていた。大手ビール会社のCMで、舘ひろしさんがドラムを叩きながら歌っていた。

「俺らはドラマー　やんちゃなドラマー　俺らが叩けば　嵐を呼ぶぜ」

何かおかしいと思ったら、「ヤクザ」が、「やんちゃ」に差し代わっていた。なぜ歌詞が変わったのか、その理由は定かではない。一つの想像が頭をよぎる。今、私たちの放送界では、「ヤクザ」という用語は、ほとんど使われない。「暴力団」に置き代わっているのだ。ただ、「ヤクザな」という形容は、絶対に使ってはいけない放送用語というところまではいっていない。表のメディアであるテレビでも駆逐され尽くしてはいない「ヤクザ」なのだが、過去の大ヒット曲の歌詞がCMの世界で改変されていたのは、なぜだろうか。テレビＣＭは、世の中の動きに最も敏感な人たちが作っている。膨大な予算を投入して商品イメージを上げるために作るＣＭに、クレームが入るようなことは許されない。イメージを損なうようなリスクをすべて潰して取りかかる緻密な世界で、二〇一〇年の段階で「ヤクザ」という用語は使用中止の扱いを受けていたということだ。もう一つ推論を述べるなら、「ヤクザ」という言葉がすでに死語になりつつあって、「やんちゃ」のほうが時代にフィットするということで改変された可能性もある。どちらにしても、「ヤクザ」は、私たちの日常から消えていく、あるいは消されつつある言葉の一つだということができる。これは、「ヤクザ」という言葉からたどる私たちの社会の変化である。

矢庭にヤクザ

「ヤクザを取材したいんです」

二〇一四年春、東海テレビ報道局の大部屋で、大きな声で、元気よく、彼は言った。

矢庭にヤクザとは何事だと呆気《あっけ》にとられた。不穏な用語をでっかい声で言う彼を、まわりがあきれて見ているのではないかと見渡したが、誰も反応していない。この大部屋で何を話していても、さほど驚かれないようになってしまったのか……。とはいえ、常識的な対応をすることにした。

「もう少し、小さな声で……」

彼の目をじっと見た。真顔だった。

ドキュメンタリー『ホームレス理事長―退学球児再生計画』を、二〇一三年に発表した後、彼、土方《ひじかた》宏史《こうじ》は報道局内の担務替えで愛知県警察本部詰めの記者となった。あれから一年、事件記者の任期明けで、ドキュメンタリーに再登板することが決まっていた。

「何か、やりたい題材はあるの？」

私のこの質問への答えが、ヤクザだった。ヤクザを取材したい理由を、まるで怖いもの知らずの少年のように、土方は喋り続けた。

愛知県警察本部に常駐している東海テレビの記者は四人いる。民放局の陣容はどこもそんな感じだ。この人数で裁判所と検察庁もカバーするため、どの記者が何を担当するか、おもな守備範囲が割り振られている。土方の持ち場は、警察では刑事部の捜査第二課と捜査第四課、つまり知能犯と暴力団の担当だった。事件記者の腕の見せ所は、刑事と同じように現場を丹念に歩き、捜査情報をいち早くつかむことである。毎日、記者たちは特ダネを獲ることにしのぎを削っているが、それは同時に、捜査権という強大な権力を持つ警察を監視するという意味もある。しかし、警察官には捜査情報について守秘義務がある。漏らしてはいけない情報を、ある時は、一人の記者が引っこ抜き、またある時は、幾人かの記者で、別々の捜査員に取材を繰り返しながら、断片的な情報を積み上げて特ダネにしていく。しかし、特ダネは突然獲れるわけではない。警察官との不断のコミュニケーションが最も大事で、警察本部詰めの記者は、事件のあるなしに関わらず、昼は課長や次長のデスクに顔を出し、早朝と夜は捜査班長クラスから幹部まで、官舎や自宅を訪ね歩く日々が続く。そうした取材活動の中で、記者たちは、知らず知らずのうちに警察官が、今の世の中をどう見ているのか、その視線や考え方を体得することになる。言い換えるなら、記者たちは取材を通じて実践的犯罪社会学を学び取るのだ。

土方は、警察担当記者として過ごした一年で、暴力団という存在に興味を持った。その根底にあるのは、現役の警察官が、暴力団の生の姿を語ることができないことへの疑問だった。警察官が捜査対象であるヤクザを知らない。そんなことがあるのか……。暴力団対策法(一九九二)、続く各自治体による暴力団排除条例(暴排条例)の施行以降、警察官は暴力団の内部に協力者を作りにくくなった。つまり、濃密交際を疑われるのを避けようとしているうちに、暴力団組織の内情に疎くなったというのだ。しかし、捜査第四課の警察官の対象は暴力団だ。実態がよく分からないのに取り締まる。圡方が事件記者として当たった多くの暴力団担当の警察官が、その危うさを感じているというのだ。どういう対象を、どう取り締まろうとしているのか。それは、私たちがどういう社会を作ろうとしているのかに関連している。

「だから、もう少し小さな声で……」

大きな声に戻って力説する圡方の話を聴きながら、私はぼんやり、メディアも同じだなと思った。暴力団について何の取材もしないままニュースにしている。警察からの一方的な情報で報じ続けているのだ。他のことなら、裏取りという形で関連情報を固めてからしかニュースにしないのだが、暴力団についてはその例外になっている。暴力団＝反社会的勢力なのだから、それでいいのだと思考が止まっているのだ。圡方の話は、まだ続く。

「暴力団員は銀行口座を作れないんですよ。暴力団員の子どもだからと、幼稚園を追い出されることも起きているようです。これって変じゃありませんか」

「暴力団」と「人権」という、およそ結びつかない二つの単語が組み合わさる。

「悪さをするんだから当然じゃないか」

「性悪説ですか」

「銀行口座をマネーロンダリング（資金洗浄）に使われるのを避けるためなんじゃないか」

「しかし、存在そのものを全否定していいんでしょうか。ましてや、子どもまで……」

暴力団だから懲らしめられて当然だし、家族のためを思うなら暴力団をやめればいい。そもそも議論の余地のないところを話しているのではないか、暴力団のことを考えている時間がもったいない。だんだん嫌気が差してくる。

暴力団を取材したい、しなくちゃならない、するべきだと喋り続ける土方をよそにして、世界の秘境のドキュメンタリーが思い浮かぶ。説教されていると、別のことを考えて現実逃避する、そんな感じだ。チョモランマへの登頂のドキュメンタリーはすごかった。秘境の映像はそれだけで尊い。決して自分で行くことのできない絶景を見せてくれるのだから。重い機材をかついで、命の危険もあるだろうに、その取材魂のすごさに圧倒される。暴力団……。ヤクザ……。警察官も知らない彼らの生態。誰も描くことのできない世界。執拗に続く土方のアピールに、よからぬ妄想がフル回転し、世界の秘境が合体する。

しかし、公共的なメディアであるテレビで、暴力団を真正面から扱うことに問題はないだろうか。芸能界を引退に追い込まれた大物タレントを思い出す。番組の内容ではなく、暴力団を扱ったというその一点で、一発退場になるかもしれない。これは、とんでもなく危ない橋だ。

「これは、東海テレビにしかできません、絶対に」

決めゼリフのように、土方は、大きな声で幾度もこのフレーズを繰り返していた。取り組むべき題材にタブーはないと言ってきた手前、私は、小さな声で、こう言うしかなかった。

「一度調べてみたら、いいんじゃないか」

ヤクザを描きたい男

土方という男について、少し触れておくことにしよう。ある時、東京への出張の折、彼は、名古屋駅の新幹線口に白いワイシャツ一枚で現れた。

「上着は?」

「上着? 失くしました」

「え? スーツないのか……」

「大丈夫です。出てきます」

私は、初対面の人たちへの礼儀について言ったのだが、土方は紛失しても必ず出てくるというハッピーストーリーで返答してくるのだ。車中であれこれ話しているとこんなことを言い出した。

「ボクは発達障害なんです。診断されてます……」

「ああ、そうなんだ……」

「阿武野さんも、そうだと思います!」

「そうかもしれないけど、君と一緒にしてほしくないなぁ」

「絶対そうです」

新幹線を降りて乗換改札を通り抜ける。斜め後ろから私を発達障害だと言い続ける男が追いかける。と、丸の内中央口改札。ありゃ、私の切符がない。

「ほらね。やっぱり。そうなんですよ。そう、そうなんですよ」
乗換改札に乗車券を取りに戻る私に、土方は、まわりが驚くほどの大きな声で、真顔で言い続けた。

土方宏史は、一九七六年生まれ、岐阜県各務原《かがみはら》市の教員の息子である。上智大学文学部英文学科を出て、東海テレビに入社した。昼の連続ドラマを制作する東京制作部に配属されて、ドラマプロデューサーの道を歩みはじめた。昼ドラは、一九六四年に月曜から金曜までの午後一時半から三〇分、フジテレビ系列全国ネット番組として放送が始まった伝統の番組だ。現場には、社内から選抜された優秀なプロデューサーたちが配置されてきた。土方は、二二歳のとき、新入社員で抜擢されたのだから、研修中に誰かによほど見込まれたのだろう。しかし、一年で、ドラマから名古屋の制作部へ異動となる。そして、報道部へ来たのは、三三歳だった。何というか、会社という組織の中で漂流気味の社員だったようだ。報道部では、催事ものから、事件現場での聞き込み、被疑者の顔写真捜しまでニュースの遊軍として何でもしていた。時折、自分の企画をニュースにもしていたが、その中に、彼の前作となる

『ホームレス理事長―退学球児再生計画』
テレビでは2013年1月12日に放送，映画は2014年2月15日に劇場公開された

『ホームレス理事長』があった。

愛知・知多半島にあるNPO法人「ルーキーズ」。高校をドロップアウトした球児たちの話だ。ドキュメンタリーディレクターとなった土方は、「ルーキーズ」に通うようになった。若者たちを取材しつつ、作品の最終形を想定しながら当てはめていくような取材方法に疑問を感じ、方向性を換えた。元球児ではなく、金策に奔走する理事長を描くことになる。理事長は、電気もガスも水道も止められ、アパートを追い出され、闇金にまで手を出しながら、高校を中退した球児たちのチームを守ろうとする。言葉でまとめるときれいだが、実際は、類型化できないような変わった人で、この人をテレビ作品にしようとする制作者は、まずいない。取材者が取材対象を裸にしていくのがドキュメンタリーだと思われているが、『ホームレス理事長』は、はじめから裸のような人で、むしろ取材を通じてこちらが裸にされていくような感じだ。この難行苦行を土方は、味わい、楽しみ、そしてドキュメンタリーの虜《とりこ》になっていった。

映画とヤクザ

「結構毛だらけ猫灰だらけ、お尻のまわりはクソだらけってね。タコはイボイボにわとりゃハタチ、イモむしゃ十九で嫁に行く、ときた。黒い黒いは、なに見てわかる、色が黒くてもらいてなけりゃ、山のカラスは後家ばかり、ね。色が黒くて食いつきたいが、あたしゃ入れ歯で歯が立たないよときやがった、どう、まかった数字がこれだけ、どう、ひとこえ千円といきたいが、ダメか、八百、六百、よし、腹切ったつもりで五百両、もってけ、オイ！」（『男はつらいよ　純情篇』（一九七一）より）

一九七一年の正月映画、寅さんシリーズ第六作を、映画好きの父に連れられて、田舎の劇場で見たような気がする。マドンナは若尾文子。フーテンの寅こと車寅次郎は、浜名湖で威勢のよい口上で縁起物の鶴と亀の置き物を売っていた。

寅さんは柴又に帰ってきては一悶着起こすのだが、商売はというと、的屋だ。露店が並ぶお祭りのシーンは、懐かしさを感じさせる日本の原風景だ。ヤクザの起源は江戸時代の火消しともいわれ、かつては、任侠、極道とも呼ばれた。賭け事の仕切りと祭の露天商を稼業(シノギ)としていた。しかし、いま、法令上、寅さんのような的屋は、暴力団の範疇に含まれている。

『男はつらいよ』『仁義なき戦い』など道を外れた主人公を描く映画は、かつては人気のジャンルだった。たとえば、ヤクザ映画を見終えた男たちはみんな肩で風を切って歩き、まるで主役の高倉健さんのような気分になっていたものだ。時代的背景として、管理化が進む中で、はぐれものやアウトローへの憧れがあったのだろう。最近でも、北野武監督の『ソナチネ』(一九九三)、『アウトレイジ』(二〇一〇)など暴力団員を主人公にした劇映画が作り続けられているし、Vシネマでは、『難波金融伝　ミナミの帝王』(一九九二〜二〇〇七)などのロングシリーズもある。しかし、東映が作らなくなってから、ヤクザ映画は表舞台からは消えたという印象だ。

細々とではあるが続いているヤクザ映画の世界だが、暴力団を描いたドキュメンタリー映画は、国内で一作も作られていない。ただ、ここ数年で『YOUNG　YAKUZA』(二〇〇八、仏)という作品が関係者の間で、ちょっとした話題になった。フランスのジャン=ピエール・リモザン監督が二〇〇五年から翌年にかけて、稲川会系の暴力団組長に密着取材をした作品で、二〇〇八年にカンヌ国際映画祭で特別招待上映、二〇一三年に山形国際ドキュメンタリー映画祭で一回だけ上映されたという記録が残っている。しかし、日本国内の映画館でロードショーされることはなかった。いくつかの配給会社が興味を示したが、各地で施行された暴力団排除条例と警察の取り締まりの強化で上映は実現しなかったと、リモザン監督がインタビューに答えている。

アメリカ人監督の視線で日本のイルカ漁を扱った『ザ・コーヴ』(監督ルイ・シホヨス、二〇〇九、米国)、中国人監督が描いた『靖国　YASUKUNI』(監督・李纓、二〇〇七、日本・中国)などでは、上映妨害等が問題化したが、トラブルになるおそれのあるような作品をあえてロードショーするような映画館は少ない。『YOUNG　YAKUZA』も、暴対法、暴排条例が壁になって、国内で公開できるような作品ではなかったのかもしれない。

テレビとヤクザ

テレビでは、『ごくせん』(二〇〇二～〇八)、『任侠ヘルパー』(二〇〇九)、『ヤメゴクーヤクザやめて頂きます』(二〇一五)など暴力団に関連する連続ドラマがいくつも放送されている。ドラマの題材としては、まだまだ人気がある。しかし、ニュースや報道番組では、暴力団員の日常が映し出されることはなく、生の姿や声が放送されることはほとんどない。本物のヤクザは、警察の取り締まりの対象であって、逮捕・送検される存在でしかない。

ヤクザ・暴力団のテレビドキュメンタリーについて、まとまった資料はないか少し調べてみる。間もなく開局六〇年になるが、東海テレビでは暴力団をテーマにしたドキュメンタリーは一本もない。

ＮＨＫのアーカイブズで「ヤクザ」と検索してみると、一九五八年の『日本の素顔　日本人と次郎長』が一件だけヒットする。「ヤクザの実態を伝える中で、日本の社会に残る因習を浮き彫りにし、大きな反響を呼んだ。襲名披露や手打ちの儀式など、やくざの実態を映し、やくざの親分二〇人ほどが集まってバクチをしているシーンが山場」とある。

ヤクザは，代々盃と呼ばれる儀式で親分子分・義兄弟の関係を結び，疑似家族の集団を形成してきた　撮影／関西テレビ

この時代は「ヤクザ」という存在を肯定も否定もせず、一つの風俗として紹介している。検索するうちに分かったＮＨＫの番組タイトルと放送日を書き出してみる。

ルポルタージュにっぽん『「山口組」七八年夏』（一九七八年九月二日）、ＮＨＫ特集『「山口組」―知られざる組織の内幕』（一九八四年八月二七日）、ＮＨＫ特集『ハワイ・山口組事件報告』（一九八五年九月一三日）、ＮＨＫ特集『福岡　暴力団抗争』（一九八七年一月三〇日）。

これらの番組が放送されて、三〇年から四〇年近い時が流れた。こうしたタイトルで放送された時代があったというのが、隔世の感だ。ＮＨＫアーカイブズに番組が入っておらず、内容をモニターすることはできないが、一九八五年まで、ＮＨＫは日本最大の暴力団である山口組にカメラを向けていたことが分かる。タイトル名の変遷だけ見ても、ヤクザの内

組織はやがて勢力拡大のために全国展開を図り，抗争が激化していった　撮影／関西テレビ

側へと食い込んでいくルポルタージュから、組織の外からカメラを構えるという取材へと変化していくのが分かる。微妙なバランスの社会的存在から反社会性を帯びていく集団にＮＨＫがどう対応していたのかが読み取れる。

大きな分岐点は、一九八五年である。一九八〇年代後半は山口組と、山口組から分裂した一和会の対立抗争が激化していった時代だ。四年半におよぶこの事件は、「山一抗争」と呼ばれ、一連の事件で二九人が殺され、市民の巻き添えも含め七〇人が負傷した。この年の九月、兵庫県尼崎市のスナック「キャッツアイ」で、二代目東組《あずまぐみ》・二代目清勇会組員が山口組組員を狙った拳銃の流れ弾が、一九歳の一般女性に当たり死亡した。この事件で、『ヤクザと憲法』に出てくる二代目東組副組長で二代目清勇会《せいゆうかい》会長の川口和秀さんが逮捕される。この事件は、無辜《むこ》の女性を殺害した凶悪事件として、暴力団対策法制定のきっかけとなったといわれている。暴力団は、全国各地で抗争事件を繰り広げ、自ら市民社会から途絶した存在へと堕ちていった。一九九一年、「暴力団員による不当な行為の防止等に関する法律」いわゆる暴力団対策法が成立する。続く、都道府県の暴力団排除条例は、反社会的勢力に対する利益供与や名義貸しを禁じるというものだ。これは、暴力団と関わりを持った市民に対して罰則が設けられた条例だ。市民は、利益供与があったとみなされないように、暴力団をさらに遠ざけるよう努めるようになっていった。

NHKの暴力団についての報道は、次のように続く。番組のホームページなどから何を追おうとしていたか、内容を振り返ってみる。

暴力団対策法は，法律上初めて暴力団を反社会的勢力として明確に定義した　撮影／関西テレビ

NHKスペシャル『企業舎弟　闇の暴力』(一九九七)は、「暴力団を厳しく取り締まる暴力団対策法が施行されて五年、暴力団は組の代紋を外し、会社組織を隠れ蓑に経済ヤクザ化を進めている。不良債権化した不動産の整理をする「損切り屋」や、暴力団の先兵として経済活動に潜り込む「企業舎弟」の実態を追いながら、地下に潜る暴力団の恐怖を伝える」とある。法整備によって社会から排除されていく暴力団の資金調達の姿に焦点を絞っている。企業舎弟や共生者と呼ばれる協力者などが出てきて、豊富な資金を持つ暴力団がベンチャー企業を乗っ取っていく様子を描き出そうとしている。

クローズアップ現代『闇社会からの誘惑―元建設相汚職』(二〇〇〇)は、日本の裏経済を取り仕切る男、山口組系暴力団の企業舎弟、政界に太いパイプを持つ黒幕などと言われてきた許永中《ホヨンジュン》氏についてである。中尾栄一元建設大臣の汚職事件では、建設会社のトップを操り、政治家・官僚を巻き込んで汚職の舞台を作り上げた。贈賄側の建設会社は、一〇億円を渡され、許氏の指示通りに政界工作した。闇社会につけ込まれる政・財・官の癒着の構造に迫ろうとしている。

クローズアップ現代『追跡・マネーロンダリング—海外に消えた四六億円』(二〇〇四)。山口組系の元暴力団幹部がヤミ金融で得た五〇億円近くの違法な利益を、マネーロンダリングしていた疑いが強まっていた。海外の金融機関を使った大がかりな手口が摘発されるのはこれが初めてで、闇に包まれてきた実態の解明が始まっていた。逮捕された元暴力団幹部はどのように多額の金を手に入れ、海外に送っていたのか。そして、世界的に知られる大手銀行の幹部が、なぜ暴力団と結びつき、不正に手を貸すまでになってしまったのか。日本と香港を舞台に追跡取材している。

NHKスペシャル『ヤクザマネー—社会を蝕《むしば》む闇の資金』(二〇〇七)では、「暴力団の不正な資金が、新興市場を通って膨張し、さらなる犯罪の資金源となっている。その資金獲得の裏で、元証券マンら専門知識を持つプロたちが暗躍する実態が明らかになってきた。そしていま、資金繰りに困ったベンチャー企業の経営者が、次々と暴力団の巨額の資金に群がる。日本社会をひそかに侵蝕《しんしょく》するヤクザマネー。新たな資金獲得の現場に初めて潜入し、実態に迫るとともに、それを許容してきた社会の責任を問う」とある。

追跡!A to Z『暴力団を追い出せるのか　住民たちの闘い』(二〇〇九)は、「住宅地に構えられた暴力団事務所を追い出すことはできるのか。住民たちの闘いに密着した。発砲件数は全国一、抗争事件で一般市民にも犠牲者が出ている九州。警察も手を焼く暴力団を相手に、住民たちが立ち上がった。法律を駆使し、組事務所の退去をねらう住民たちは、緊急ブザーを携帯し、水面下の監視活動で暴力団と渡り合う。取材班は、暴力団幹部への直撃インタビューを敢行。はたして暴力団は出て行くのか？　なぜ住民たちは危険を覚悟で戦いを始めたのか？　攻防の行方を徹底追跡」とある。市民と暴力団という対立の構図が明確化されている。

クローズアップ現代『「どう決別する暴力団―排除条例・市民の模索』(二〇一一)では、「全国で導入され始めた暴力団排除条例がいよいよ最後の東京と沖縄で施行される直前の放送。「違反した場合、企業名が公開されたり、銀行から融資を受けられなくなる恐れもある」など企業が模索する状況や条例の効果や課題を探っている。

クローズアップ現代『「暴力団排除」で何が―変貌する組織犯罪』(二〇一二)は、「全国に導入されて一年がたつ暴力団排除条例。そして、今月(二〇一二年一〇月)末に施行される改正暴力団対策法など、いま暴力団排除の動きが加速している。企業や市民による利益提供や名義貸しを禁じることで、暴力団を弱体化させる効果を生んだ一方、福岡では困窮した暴力団によるとみられる市民を狙った凶悪事件が相次ぎ、警察が警戒態勢を敷いているが、なかなか犯人検挙には結びついていない。また、暴力団包囲網が狭まる一方で、別の凶悪な犯罪集団が繁華街などで動きを活発化し始めている。暴力団に属さない、いわゆる「半グレ」と呼ばれる集団である。警察は、こうした集団の実態解明にも乗り出しているが、従来の組織犯罪の捜査手法は見直しを迫られている。市民の安全をどう守っていくのか。実態を探り課題を検証する」とある。変容していく暴力団の姿を追っている。

ドキュメント　決断『暴力団「離脱」　その先に何が』(二〇一四)は、「警察庁の発表で、初めて六万人を下回った暴力団の構成員と準構成員。暴力団対策法や暴力団排除条例など包囲網の効果とも見られている。犯罪学の専門家らは、組織の離脱を迫られた元組員たちが、その後どうなったのか追跡調査を続けている。取材で浮かび上がってきたのは、社会に復帰できず、漂流し続けている人が少なくないという実態だ。「闇社会」で日々繰り返される組織離脱の「決断」と、その行方を追う」とある。

クローズアップ現代では、これ以外にも暴力団取材に果敢に取り組んでいたようである。三〇分の生放送の中で、いわば継続的に暴力団の活動内容や変貌ぶりをドキュメントしてきた唯一の番組といえるのかもしれない。

NHKの番組の変遷は、暴対法と暴排条例を境に、ヤクザを取りまく社会意識が大きく変わっていくのに呼応している。簡単に言うと、一九八〇年代までは、ヤクザが顔を出して取材に応じていた。そして、ヤクザにもそれぞれの個性が感じられた。しかし、一九九七年以降は、顔にモザイクを施し、ボイスチェンジで、一体誰なのか、まったく分からないようになる。また、捜査関係者からの情報が主となり、ヤクザは、みな悪業を繰り返す輩《やから》としてしか登場しなくなった。ヤクザ＝暴力団＝反社会的勢力という共通認識が社会に浸透していく経過そのものといえる。

また用語にこだわるようだが、「暴力団」という言葉でイメージするのは、無法、極悪、粗暴……。犯罪組織そのものである。そして、「暴力団」は、集団を意味する言葉で、個人を表さない。個人を指そうとした場合、「暴力団員」となる。これに対して「ヤクザ」は、集団と個人、その両方を指す。「あの人、ヤクザっぽいね……」「記者なんてヤクザな仕事です」。こうした「ヤクザ」には、「暴力団」という言葉がはらむ犯罪性や反社会性とは違う言葉の膨らみがある。「ヤクザ」から「暴力団」、さらには

「反社会的勢力」への言い換えに、社会意識の明確な変化が表れている。

「殺されますよ」のはず

圡方は一生懸命だった。どこへ行って、誰と会えた、何を聞いてきた、これは私たちにしかできない題材だと繰り返し、机の上は、ヤクザ関係の書籍や雑誌などで山のようになっていった。しかし、私は、ヤクザの組事務所にカメラを持ち込んで取材してどうなるのだろうかと、相変わらず疑心暗鬼だった。

ある日、圡方を連れて愛知県警ＯＢで組織犯罪対策局などのトップを歴任した知人を訪ねた。言うまでもなく、警察は取り締まる側で暴力団と対峙する組織で、暴対法以降、徹底的な押さえ込みを図ってきた。凶悪だからこそ、警察組織が力を集中してきたはずだ。その最前線にいたＯＢに暴力団のドキュメンタリーを撮ってみたいと相談すれば、「やめたほうがいい。何をするかわからん連中です。殺されますよ」となるはずだと思い込んでいた。一時間ぐらい話しただろうか。

「ぜひ、それは見たいなぁ」

県警ＯＢは、そう言った。

「今の警察官はヤクザとまともに話すことができないんですよ。どんな奴らが、どんな暮らしをしていて、どんな考え方をしているかを知らない。情報をつかめないし、これじゃ捜査にならないですよ」

これは、圡方が企画提案をしてきたときの話に合致していた。

「しかし、番組ができたとしても因縁をつけられたりして、殺されたりしませんか」

これでこの企画の取りやめのとどめにしたいと、念を押すように尋ねた。

「嫌がらせはあるかもしれないけど、殺すなんてことは、一〇〇パーセントないですね。ヤクザは得にならないことはしないですから」

そして、ぜひ、ヤクザの中に分け入ったドキュメンタリーを見たいと繰り返した。

民放とヤクザ

私の机の上は、始終ゴミ屋敷のような状態で、時々大事な資料がどこかに紛れ、大汗をかきながら大捜索することがある。その雑然とした紙ゴミの横に、毎年改訂される『放送倫理手帳』という冊子が鎮座している。これは、日本民間放送連盟が発行していて、放送基準、報道指針など大事な文書が記載されている。その放送基準に、二〇一一年に二ページが付け加えられた。「反社会的勢力に対する基本姿勢」。そして、具体的に、暴力団排除への活動についての指針が、以下のように示された。

「出演契約における反社会的勢力排除についての指針」

社団法人日本民間放送連盟(民放連)は、反社会的勢力排除についての社会的な動きが高まりをみせている状況に鑑み、放送業界においても民放連加盟各社が経営トップから制作現場に至るまで一丸となり、反社会的勢力に介入の隙を与えないという態度を徹底するため、出演契約における反社会的勢力への対応につき、以下の事項を各社の行動の基本とすべく、指針を定めます。

一、この指針が対象とするのは、次の各号に該当すると判断される出演者、または出演者が所属する企業もしくは団体(当該企業または団体の役員及び従業員等を含みます)です。

（一）暴力団
（二）暴力団員及び準構成員
（三）暴力団関係企業
（四）特殊知能暴力集団
（五）その他上記各号に準ずる者（以下第一号ないし本号を総称して「暴力団等」といいます）
（六）暴力団に協力しまたは暴力団等を利用するなど暴力団等と密接な関わりを有する者
二、出演契約の相手方または出演者が前項に該当する者であることが判明した場合、あるいは、出演契約の履行が、暴力団等の反社会的勢力の活動を助長し、またはその組織運営に寄与するおそれがあると判明した場合は、出演契約を催告なく解除することができるものとします。

民放に属している放送人にとって、放送基準は金科玉条である。それが、番組に暴力団を出演させてはならない、その関係者についても同様であると指し示している。

では、暴力団の組事務所にカメラを入れて、彼らの日常をドキュメントして放送することは、この指針に抵触するのだろうか。民放連は、東海テレビも加盟する業界団体であり、暴力団を徹底的に排除する運動に取り組むことを宣言している。私も、芸能プロダクションとナレーターの出演契約を結ぶ際、暴力団排除の文言を入れた覚書を交わしている。この指針は、暴力団関係者をテレビから排除するための約束事だ。もし放送基準に反したと認定されたなら、放送界から追放されることだってあり得る。どんなに好き勝手にやっているといわれても、私も放送界の一員である。守らなくてはならないことがある。『放送倫理手帳』について、私は考え続けた。しかし、ジャーナリズムに、扱ってはならない題材が存在していいものだろうか。ヤクザを取材・放送することについて逡巡が続いた。

捜査員が暴力団の組事務所に家宅捜索に入っていく、そして、何らかの容疑で暴力団員が逮捕・送検される。その一部始終をカメラが押さえている。こうしたニュースは、毎日のように流れているが、こんなことに気がつくことはないだろうか。警察は凶悪な殺人事件でも、容疑者を連行するとき、服を頭からかぶせてメディアに顔を撮影されないように配慮している。それは、裁判所が有罪の判決を確定するまでは無罪として扱うという推定無罪の原則を守っているのだ。しかし、暴力団員にはそうした配慮はない。顔が出ているか出ていないかを気にしたことのない人にとって、この差異は何の意味も持たないが、人権という視点で見ると大問題だ。推定無罪の原則が、暴力団員には適用されていないからだ。

別の見方をしてみる。ニュース番組などで暴力団員を撮影して放送すること自体、何の問題もない。それは、なぜか。彼らは取材対象者であって出演者ではないからだ。停止している思考を回してみよう。ドキュメンタリーの主人公は、「出演者」ではなく「取材対象者」である。彼らと出演契約を結ぶこともなければ、謝礼を支払うこともない。ヤクザを取材対象に選択し、ヤクザの日常を番組として描く。これは、放送基準から逸脱していないといいきれる。そして、取材対象にタブーはない、というジャーナリズムの基本を堅持できるはずだ。

もう一度「殺されるかも……」

二〇一四年五月、東京の港合同法律事務所と別の用事でメールのやりとりをしていた。お相手をしてくれていた事務の高田章子さんは、本題のメールのあとに、こちらの近況を尋ねてくれた。

「最近、何を取材しているのですか」

この人は、本当に懐が深く、優しい。

「ヤクザです」

ちょっと驚かせてみようと、軽々しく返信メールを打つ。

「とても興味があります。協力できることがあれば何なりと」

「誰か、そちらに詳しい弁護士はいますか」

「うちの弁護士が詳しいです」

話が面白いように展開する。うちの弁護士とは、安田好弘さん。光市母子殺害事件、オウム真理教事件の麻原彰晃死刑囚、和歌山カレー事件などの被告人の主任弁護人だ。私たちは、テレビドキュメンタリー『光と影―光市母子殺害事件　弁護団の三〇〇日』(二〇〇八)、ドキュメンタリー映画『死刑弁護人』(二〇一二)で、安田弁護士にファインダーを向けてきた。その安田弁護士が、ヤクザにも詳しいとは知らなかった。

しかし、この時、私にはヤクザをドキュメンタリーにする覚悟はなく、まだ、やめられるものならばやめるに越したことはないと思っていた。

「殺されるかもしれませんね、ヤクザですから。そのぐらいの覚悟は必要でしょう」

安田弁護士がそう言う。横にいる土方を見て私は言う。

「ほら、お前にも家族がいるだろう……やはりやめておこう」

高田さんとのメールから二週間。東京への新幹線の中で、そんなことを考えていた。

そんなに何でもやれるもんじゃない。できることとできないこと、やりやすいこととやりにくいこと。長年テレビ局にいると、どうしようもなく染みついてしまう澱《よど》みのようなものがある。

しかし、船旅にたとえるなら、航海図も、羅針盤も、燃料も、寄港予定地もなに一つ持たないまま、港を出ていってしまいそうな不安が胸の内でざわついていた。

扉が開く

「ヤクザ屋さんはねぇ……」

東京の弁護士事務所に着くと安田弁護士は、ヤクザを取り巻く状況を穏やかな声で語り始めた。

実名、モザイクなし、撮影の謝礼なし、事前に収録テープは見せない……、私たちの取材の原則を受け入れる取材対象はあるのだろうか。安田弁護士の話は、全体状況から一気に個別事案へと焦点が絞られていく。岐阜県内の組で取材を受けてくれるかもしれない。あるいは、九州が苛烈な事態になっているので、そこはどうか。具体的な名前が次々に出てくる。

もう取材の受け入れ先を求めて動きだしていた。迷っている私の気持ちなど吹っ飛ばして、体ごと大きな渦の中に吸い込まれていくような感じだ。安田弁護士の声が、近くなったり遠くなったりする。得体の知れない恐怖を感じて身震いしてしまう。終わりがけに、安田弁護士は、静かに言った。

「前の『死刑弁護人』のときは、世間様からバッシングされても、されど弁護士でしたからね……。しかし、これはヤクザ屋さんですからねぇ……」

覚悟が問われていた。もう、ヤクザを取材したいどうしようもないバカでして、と土方を笑いの種にして済む段階ではない。船はもう岸壁をとっくに離れてしまっていた。

これまでのドキュメンタリーも激しい議論の末に、カメラを入れた経験はある。しかし、安田さんの言うように「それでも弁護士……」「それでも教育者……」といえる、社会的なつっかえ棒のようなものがあった。しかし、今回はヤクザ……。弁護士事務所を出て、東京・赤坂の雑踏を土方と彷徨《さまよ》うように歩いた。

「もう、俺たちは下がれるところまで下がるしかないな」

「そうですね。ヤクザ、それでも人間、と言えるかどうかですね」

土方の机のまわりは、見たこともないヤクザ界の専門誌などで混沌とし始めていた。暴力団に詳しいノンフィクションライターなどを精力的に回っていたが、実際のヤクザへの取材の突破口は見つからない。ヤクザの存在を肯定しない私たちの取材を受けるということ自体、あり得ないのかもしれない。取材を受けテレビに出て、警察に目をつけられたら、何の得にもならない。ただ、取材の糸口を見つけようとしていると、全国へと面での広がりを求めていった経済ヤクザと、地域という一点に絞って根を下ろしてきた地場ヤクザの考え方の違いなどが分かり始めた。扉が開くとしたら地場なのか、あるいは、こちらの常識では測れない全国組織の考え方があるのか……。土方の聞き取りで、徐々に見えない彼らの息遣いを感じ始めていた。

「ドブに両手を突っ込んで溜まったドロをすくうんです。そして、団子にするように握るんです。握ると指の間からドロが漏れ出ます。出る奴らは、徹底的に叩くんです。しかし、掌にとどまっているのは、そのままにするんです。それが、社会ってもんじゃないですか……」

県警OBがしてくれた話を思い出した。

土方が企画を話しにきてから三カ月、港合同法律事務所から作家の宮崎学さんを紹介すると連絡を受けた。宮崎さんはヤクザについて多くの著作があるが、私たちには一九八四年にあったグリコ森永事件の重要参考人、警察の事情聴取を受けた「キツネ目の男」というイメージが強い。

「やぁ」

「今日は、わざわざ御足労をおかけしました」

名刺の交換をしたあと、席に座って黙り込んだ。変な間があって、私からヤクザを取材したい理由について話し始めた。メガネの奥に、こちらの心の中をじっと射るように見詰める視線を感じる。宮崎さんは、ヤクザの成り立ちから、彼らを取り巻く生々しい状況について、平易な言葉で語る。しかし、取材先に結びつくような話ではなく、現代ヤクザについて大学の講義を聞いているような感じだ。初対面でいきなり取材先を紹介してもらえるなどという、簡単な話でないことは分かっている。今日のところは、宮崎さんと面談できたことで十分で、幾度か通って私たちの考え方を伝えていこうと思ったところ、突然、話がガラリと変わった。

「だいたいの話はしてあるよ。今、会長に、ここでは組長ではなくて、会長なんだけどね。君たちに電話番号を知らせていいか、聞いてみる」

携帯電話をパタンと開けて、電話を始めた。

二代目清勇会の事務所がある大阪府堺市

紹介されたのは、大阪市西成区に本部を置く指定暴力団「二代目東組」、その二次団体、堺市に事務所を構える「二代目清勇会」だった。東組は全部で約一五〇〇人、そのうちの二七人が清勇会の組員だ。山口組、稲川会など大組織に属していない大阪の地場の一本独鈷《いっぽんどっこ》だった。

会長と人権オジキ

二〇一四年七月二四日、大阪の中西部、堺市まで出かけた。環状線から路面電車に乗り換えた。とても暑い日だった。待ち合わせの場所は決まっていた。若頭が大通りの交差点で待っているということだった。しかし、それらしい車も、それらしい人物もいない。体一つで来るのか、車で来るのか、それも分からない。太陽が頭のてっぺんに照りつける。日陰のまったくない時間帯、古い街並みに土方と二人立っていた。どんな格好でやってきて、どんなふうに声をかけてくるのか……。待たせる時間で優位に立てるという癖がついているのではないか……。待つ時間が、妄想を広げ、怪物を作る。車がやって来た。いかつい、強面《こわもて》の、見るからにその筋の人物

事務所の扉は鋼鉄製．床にも鉄板が入り，下から銃撃されても貫通しない

だと分かる風貌だ。おそるおそる車に乗り、事務所へ向かう。ものの数分で着いた。車の中で何を話したか覚えていない。

「お手数おかけします」

のっぺりとした街の中にある事務所は鉄骨の三階建て。一階は駐車場で、二階への鉄の階段を上がると、黒いペンキを厚塗りした重い扉が待っていた。

「こんにちは」

大きめの声で挨拶したが、返答に妙な間があった。事務所の中にはそれらしき男たちが、わんさかいた。大変な熱気だ。品定めするような目にさらされながら、しばらく立っていた。中学生の頃、悪さをして学校の廊下に立たされたときのような所在ない感じだ。

「どうぞ」

低音で若頭が会長室に促す。立っているすぐ後ろが会長室だった。ドアを開けると、デスクとチェアが一つ、そしてソファセットが一式。部屋の中には誰もいない。座るとドアは閉められた。さて、どちら側の席に座るか。客人ではあるが、取材の依頼者でもある。微妙な立場だ。部屋の中の調度品を

二代目東組二代目清勇会の川口和秀会長

面白がって見ていると、ドアが開いた。

シャツにデニム、ギョロリとした目の会長、川口和秀（六一歳）だ。挨拶し、名刺を出す。

「事情があって、名刺はありません」

名刺を出しただけで恐喝罪にされることもあるので、組の名刺は出せないという。会長とソファで対峙し、デスクの方から若頭が見ている。睨まれているように感じるのだが、どうやら、私たちは客人として歓迎されている様子だ。

「取材は自由にやってもらってええです」

ドキュメンタリーを始めるとき、入口で柔らかいやりとりで済ませると、あとで痛い目にあうことが多い。こんなはずじゃなかった。そんなこと約束していない。言った言わないなど、面倒なことが起こらないためには、相手が不愉快に思ったとしても、最初に言うべきことは言っておくことが必要だ。

「私たちは、ヤクザの存在を肯定しませんよ」

これで、物別れに終わるかもしれないと思ったが、ドスンと言った。

「それはそうや。私もないほうがいいと思います。それでええです」

会長の反応は拍子抜けするほどだった。あとは、ダジャレを挟みながら、不思議なやりとりが続いた。

「そんなんは、猿のションベンや」

「はぁ……」

「分からへんの、猿のションベン」

「分からないですね」

「猿のションベン、分からんか……?」

「分からんですね……」

「……。木(気)にかかるや」

笑っていいやら悪いやら、エヘヘ程度で返した。

「ボクがどこの大学出てるか知ってますか」

「大学出てるんですか」

「そんなもん知らんで来てるの」

「はあ。存じ上げません」

長い沈黙……。会長は、睨むように視線を外さない。

「最初は神戸……」

「はぁ。神戸大ですか……」

「次が仙台、最後は、府中です」

「そういうことですか……」

「二二年も行きました……」

刑務所を大学にたとえるのは、この業界の鉄板ネタなのかもしれない。しばらくすると、理論派のオジキを部屋に呼んだ。そして幾人かのオジキたちが参入した。みんな元気で大きな声だ。ヤクザを取り巻く状況を丁寧に解説するのだが、思いがあふれて論旨があっちこっちに飛び、肝心なところが行方不明になる。そうこうするうちに、ドカドカと年配のオジキが入ってきた。

「おまえら、人権を守れ。なんやと思っててんねん」

しばらく会長はオジキを黙ってニコニコ眺めていたが、一言。

「もうええよ」

若頭が丁重にオジキを部屋の外へ誘導したが、オジキは喋り足りない様子だった。事務所に入ったのは昼前、もう一時間ぐらいいたっただろうか。一つ質問した。

「暴力団と呼ばれるのは、どんな気持ちですか」

まわりにいたオジキたちが、声を出さず顔を見合わせた。ちょっとザワついた感じだった。殺気立ったとまでは思わなかったのだが、隣にいた土方はあとで恐怖を感じたと言った。しばらくの沈黙があって穏やかな口調で会長が喋り出した。

「僕らが暴力団って名乗っているわけじゃないですよ。警察がそう言っているだけ。暴力団や、反社会的勢力やて……」

オジキたちが一斉に頷き合い、安堵が部屋に広がる。

「はぁ、不服なんですね」

「誰が自分のこと暴力団って言いますか」

会話には、不思議な間があき、しばらく沈黙がはさまる。川口会長は、視線を逸らさず見入るような表情で固まるし、こちらも、じっと見て、瞳の中に映る自分を探そうと目を凝らす。視線を外し、沈黙を恐れたら、会話が成立しなくなるのではないか、そんなふうに思えた。

それから、任侠道、刑務所生活、家族、集団的自衛権など、いろいろな話をした。

「じゃ、あとは……」

何の前触れもなく、若頭に一言そう言って、会長は部屋を出ていった。

組員が、JRの堺市駅まで送ってくれるという。組員がたくさん事務所前にいたのだが、誰かが後部座席のスモークの窓を叩く。開けると人権を熱く語っていた年配のオジキだ。

「おい、人権守れって言ってんねん、なぁ、分かっとんのか。人権や」

目上のオジキが喋っているので、組員は車を出せない。夏の日差しがオジキの頭越しに照りつける。もう、こっちは意味もなく笑っているしかない。若頭が、いいから車を出せ、運転席に目配せするのが見えた。

「おい、正業も持ったらあかんいうし、死ねいうんか……。おかしいやろ。人権……」

窓が開いたまま、車は静かに走り始め、人権オジキは車窓から遠ざかっていった。

「なんだろう、これは……」

言葉が口を衝いて出てしまう。

「はぁ。会長の誕生会だったんですわ」

運転しながら組員が低音のだみ声で言った。ルームミラーで合った目が笑っている。

そこで初めて、昼間からハイテンションな理由が分かった。家族にとって一番大事なおとうさんの誕生日で、会長もオジキたちも、事務所の三階で酒を飲んでいたのだ。一時間もいて、組員の喋り方や雰囲気から、酔っているかどうかぐらい分かりそうなものだが、不覚だった。酒を飲んで初対面の私たちを迎えるはずがないという先入観に支配されていた。ドキュメンタリーは観察することから始まるのだが、彼らの存在があまりにも遠く、素面《しらふ》なのかどうかすら分からなかったのだ。

映画『ヤクザと憲法』ポスター　テレビでは2015年3月30日に放送．映画は2016年1月2日に劇場公開された　デザイン／渡辺純

堺市駅への道すがら、車のナンバーは警察にチェックされているか、事務所に当直や当番があるのかなど組員に小さな日常を立て続けに聞いた。短髪の四〇代の組員は、丁寧な言葉で会話をつないでくれた。

駅に着いて、組員の車を見送ると、空腹であることを思い出した。何もない駅前を歩き、小さなラーメン屋に入った。夏の暑さもあって、かなり脱力していた。取材先が決まったことで、土方は興奮気味に話していたが、少し小さな声にしてくれないかと促した。味のぼやけた豚骨スープをすすりながら、店の中の汚れた山岳カレンダーをぼんやり眺めた。人に嫌われ、人に恐れられ、誰も登らなくなった山を克明に記録することに、どんな意味があるのだろうか。

これから、何が撮れて、どんなトラブルに見舞われるのか、想像するのをやめよう。テレビ局だけではない、社会に蔓延する「やれないこと探し」から離脱して、土方たちが、得体の知れない森の中にこれから分け入るのだから。

第1章　組事務所にカメラが入った

撮影開始

二〇一四年八月二一日、いよいよ撮影がスタート。私(土方)は何度か打ち合わせで来ているが、カメラマンの中根芳樹さんと音声の野瀬貴弘君は、組事務所に来るのは今日が初めて。当たり前だがとても緊張している。ドキュメンタリー取材の定石通り、カメラを回しながら組事務所に入っていく。初日はとても重要だ。何も起きてほしくないような、ハプニングを期待するような不思議な感覚にとらわれる。

組の若い衆にドアを開けてもらう。ドアといっても鋼鉄製の「防弾ドア」。ギギギッと音を立てて閉まると、ここからもう出られないのではと、嫌な汗が出る。ソファに少しイライラした感じの若頭が座っていた。初日だからいるのか、これからずっといるのか、分からない。

とりあえず組事務所についていろいろ質問を……と思っていたら、いきなり若頭に別室に入るよう促された。

初日は、事務所を案内してもらうつもりで心構えをしてきたのだが、いきなり思惑が外れる。これもヤクザならではのテクニックなのだろうか。とりあえずドキドキしながら別室へ。カメラは入室を断られる。いつもは野蛮なくらい、しつこく回し続ける中根カメラマンも、見ると今回はすぐ録画ボタンを

二代目東組二代目清勇会の建物．住宅街にあり，通学する小学生を見かけることもあった

止めていた。さすがに組事務所の中では勝手が違うようだ。

若頭の大野大介さん（四七歳）は清勇会の中で一番ヤクザらしいヤクザだ。他の組員とは威圧感が違う。左手の小指が根元からない。ネットには、指つめは最初が第一関節、次が第二関節と順に落としていくと書いてあった。ということは三度指を詰めているということになるのだろうか。そんなこと、とても怖くて聞けない。

話の内容は撮影の条件についてだった。つい先日放送されたNHKのドキュメント　決断『暴力団「離脱」　その先に何が』（二〇一四年八月一四日放送）の余波が大きいとのこと。暴排条例などに絡み東組本家で取材した内容だったが、取り上げ方が浅く、組の上層部は騙されたと感じているので、私たちの取材に対して警戒感を強めているようだ。話は放送前のVTRチェックにまで及んだ。要は、放送前に見せろというのだ。

テレビの取材では、大前提として放送前の収録テープを見せることはない。これは最初のコンタクトの際から伝えてあるのだが、この期に及んで条件を根底から覆してくるとは……とりあえず話を聞く。というか、こちらに話す隙を与えない。一方的なマシンガントーク。口では「俺はそう思わんのやけど、本家がなぁ」とあくまで本意ではないことを強調するが、どこまでが本当でどこまでが駆け引きなのか分からない。とにかく有無を言わさない雰囲気を醸し出してくる。

事務所の屋外に付けられた監視カメラ．あえて存在感を出すためなのか，目立つところに複数設置されていた

今は、私たちの唯一の武器であるカメラも回っていない。これはかなり不利な状況だ。ふと、「ヤクザは交渉術の天才」という何かで読んだフレーズを思い出し、なるほどと妙に納得。

結局、後日もう一度、阿武野プロデューサーが来て話をすることになった。しかし、のっけから揺さぶられるとは。取材初日というタイミングで、根幹に関わる話をぶつけてきたのも、こちらがもうあとに引けないと踏んで、交渉を優位に進める意図があるのだろうか。こうなるとすべてが仕組まれているように思えてくる。

ドキュメンタリーでは、取材対象との信頼関係が絶対だと教えられてきたが、今回はそのケースに当てはまるのだろうか。うーん、難しい取材相手だ。

結局、若頭の大野さんは要望を一方的に伝えて帰っていった。とはいえ今すぐ取材をストップしろというわけではないようだ。なんとなく事務所内でカメラを構え、なんとなく撮影を開始する。何を撮っていいのか分からないが、「とりあえず広い画で事務所全体をファインダーに収める」と中根カメラマン。このあたりは心臓に毛の生えたスタッフが心強い。普通は許可を取ってからにしよう、なんてことを言い出してもおかしくない。

さて、初めてヤクザの組事務所内をマジマジと見回す。こうしてみると、人がほとんどいない。映画なんかでは大勢の組員がたむろしている印象だったが、常駐しているのは二、三人。他の組員は、ほとんど事務所に立ち寄らないようだ。若頭によると、携帯電話が普及して外にいても連絡がつくので、どの組でも基本的に組員は外にいるらしい。

会長の川口和秀さんもめったにここにはいないとのこと。定期的にみんなで集まって会議をする時くらいしか使っていないのだろうか、組事務所の機能は形骸化しているようだ。となると、事務所内の撮影が許された経緯には、ここなら何を撮られても、そう大したことはないという安心感があるようにも思える。彼ら的な「コンプライアンス上ＯＫ」というやつかもしれない。ガサ（家宅捜索）が入ることも想定して、きっと事務所には「ヤバイもの」を置いていないのだろう。

しかし、もしそうだとすると、事務所でカメラを構えていても、ヤクザの本来の活動は撮れないということになる。取材の困難を覚悟はしていたが、果たしてドキュメンタリーとして成立するのだろうか。早速焦る。平凡なヤクザの組事務所の毎日……。見るに値するのか、うーん、まあ、そこはあまり深く考えるのはやめよう。

事務所内．左がこの日の当番責任者の今井さん，右が部屋住みの金城さん．壁には本家との連絡事項など，決まり事を書いた紙が貼ってあった

組事務所

組事務所にいるのは、当番責任者と部屋住み二人の合わせて三人。これが基本のユニットのようだ。当番責任者は日替わりで、ある程度年配の組員が担当。文字通り、その日事務所内にいるメンバーの責任者ということだろう。今日は、まわりから「オジキ」と呼ばれている六〇代後半くらいのおじいちゃんヤクザ。指は全部ある。誰かれ構わず指をチェックする癖がついてしまった。部屋住みとはいわゆる住み込みのことらしい。事務所に寝泊まりする人間がいる。そんなことも初めて知った。一人は若い。もう一人は中年。カメラを回しながら事務所の基本的なことについて質問してみる。

土方（以下「——」と表記）　日中は何を？

責任者　んー別に……俺らは当番で来とるからね。部屋住みの二人はずっとおるんやけど。時間になったら俺らは帰る。二人はずっとおるいうことやね。え？　当番、電話聞きやね。まぁ、ほとんど電話は入れへんけどね、今は。

組織についても説明をしてくれた．親分は組長や総長や総裁などの呼び方がある．清勇会の場合は会長．親分の義弟にあたるのが舎弟で，その一番上が舎弟頭（代貸）．子は若中といい，長男にあたるのが若頭で組織のナンバーツーである

——電話が鳴らないときは？

責任者　そんなもん、こないして、じーっとテレビ見たりね。普通のまぁ生活やね。

——もっとピリッとしているかと……。

責任者　そんなピリッとしとったらもたんわ。まぁもうヤクザの時代でもないしな。もうやっぱりみんな若返り、若返りやからな、うちらかて。そやカシラ（若頭）かて若いやろ。な。もう俺らは終わっとるわ。もうみんな若手に切り替わっていくさかいにね。

——終わってるとは？

責任者　終わってるって、もう飯食ってくネタがないがな。そやろ。もう取り立てもあかんやろ。取り立てなんかあれへんし、センユウなんかもあれへん。昔はセンユウとか、ようさんあったんや。

——センユウ？

責任者　会社が倒産するやろ、ほなそこに俺が金貸しとったとするやん。その会社に入り込むわけ。占有やな。もう今のヤクザなんか覚醒剤ぐらいしかあらへんで、シノギ（資金獲得のための仕事）いうたら。

責任者　（若い部屋住みにテレビを指して）野球かけて。

若い部屋住み　はい。

（テレビをつける）

責任者　いま何や？
中年の部屋住み　五対〇ですわ。桐蔭が勝ってます。
責任者　ほー。
（責任者が封筒から札を出して数える。封筒にしまう）
――今は商売の？
責任者　おお。え？　へへへっ。
――シノギってやつですか。
責任者　野球、高校野球、な。儲かれへん。儲かるもんちゃうがな。

この人は、ものすごくフランクな人だ。そんなこと話していいのかと、こっちが心配になるようなことまであけっぴろげ。カメラが回っていることを理解していないのだろうか。シノギの中身まで話したのにはビックリした。組の上層部は私たちの取材に対しピリピリしているが、個々にまではその警戒感は伝わっていないようだ。そのあたりは意外と大らかな組織なのかもしれない。ヤクザ全体がそうなのか、この組がそうなのか、分からないが。いずれにせよ組員が取材に対してオープンなのは朗報だ。事務所から出られないとするならば、彼らの協力がすべてになってくる。

しかし、それは一方で、想定外の危険性もはらむことになる。そのまま放送してしまって、彼らが逮捕されるという可能性だ。取材により相手や自分たちが社会から糾弾されるというのはドキュメンタリーではあることだが、今回の場合はそれがイコール逮捕というやっかいな状況になってしまう。

ある程度、刺激的な話は聞きたいが、刺激が強すぎると使えないというジレンマ。塩梅《あんばい》が難しい。まずは放送できることが最優先。あとは、それと同じくらい相手に迷惑をかけないことに配慮しつついこう。いくら相手が違法集団でも、「いったん取材のＯＫを出したんだから、逮捕されてもあなたたちの責任ですよ」とは絶対に言えない。どんな場合でも、取材対象と自分たちが反目し合っていては、いい作品にはならない。

プロデューサーがよく言う「撮る側と撮られる側は共犯関係にある」という表現。緊張感は保ちつつ、懐に飛び込まないと本物は撮れない。逆に相手が聞かれたくない嫌な質問をあえてしなければいけないタイミングもある。つかず離れず、ギリギリのラインを狙おう。くれぐれも取材が深くなってきて、その一線を越えてしまわないように注意しないと。

今回はもう一つ不安なことがある。放送後の反応だ。これもドキュメンタリーにはつきもので、こちらの意図や表現と、取材相手が伝えてほしいことが食い違うという場合が起きる。

東海テレビの取材は半年から一年くらい徹底的にカメラを回す。そのうちにカメラの存在は空気のようになり、取材対象が撮られているという意識のないカットを収め始める。結果として、彼らにとって想定外のシーンが放送されることになったりする。

前作の『ホームレス理事長』の放送後も相当大変なやりとりを経験した。放送したものを映画化する際に、自分たちにとって不都合な箇所を削除してほしいという取材対象（厳密には取材対象の本人というより、その周辺者が多い）との間で修羅場となったのだ。

今回も、それは避けられないかもしれない。いつもは話し合いで解決するのだが、果たして彼らに話し合いが通じるのか。通じなかったらどうなるのだろう。怖くて思考停止。目の前の光景に集中しよう。

取材は一九時で終了。結局、おじいちゃんヤクザと話して（というよりは一方的に彼の主張を聞いて）初日の取材は何事もなく終わった。

いまのヤクザ社会がいかに悲惨かという話も出てきた。惜しむらくは、いかにもインタビューというスタイルになってしまったことだ。だが、とりあえず初日はこんなものだろう。

責任者の帰ったあとで、一瞬、部屋住みの組員に事務所内を案内してもらおうかとも考えたが、無理は禁物だ。スタートから張りきりすぎるとよくないとスタッフで話し合い引き揚げることにした。

最初に若頭に個室に連れていかれたときはどうなるかと思ったが、なんだかんだ取材にこぎつけた。ホッと一安心。事務所周辺のおいしそうな店を「食べログ」で探し、スタッフ三人でスタートを祝い、乾杯。とりあえず無事な船出を祝う。

二人はかなり疲れていた。何も起こらなくてもヤクザの組事務所に一日いたら、そりゃ気が張ってヘトヘトになる。さあ、いよいよこれからだ。

地蔵盆

撮影二日目、若頭から連絡。午前中に「地蔵盆」という地域のお祭りの撮影ができると聞き、本家近くの喫茶店で待機する。本家とは清勇会の上部団体。会社でいうところの本社のようなイメージか。

初日は、さんざん取材自体がだめになるかもというような雰囲気を漂わせて帰っていった若頭だったが、夜ホテルに戻ったところで電話がかかってきて「祭り、撮りたいか」と尋ねてきた。もちろんハイと即答、ノコノコとやってきたのだが、若頭は、というか組は、私たちに撮らせたいのか撮らせたくないのか、どうもよく分からない。緻密な計算か、それとも単なる気まぐれか。

しかもお祭りということは外での撮影。あれ？　撮影は事務所内だけじゃなかったの?!　と頭の中がハテナだらけになる。まあ、悪いほうのハテナではないからよしとしよう。

地蔵盆。お地蔵さんに、近隣の子どもたちがお参りしてお菓子をもらう行事で、若頭曰く、東組本家の近くにあるお地蔵さんを、組員が地域住民と一緒に飾り付けるところが撮れるとのことだ。

いきなりヤクザと地域の関係性が撮影できると色めき立つスタッフ。本当だろうか。個人的には、そんなに簡単に住民が撮らせるわけがないと半信半疑で現場へ向かう。

結果は、やはりＮＧ。しかし理由は想像と違っていた。住民が撮ってほしくないと言ったのではなく、組が住民に迷惑をかけることに配慮したのだった。

警察から東組に対し、組員が地域の祭りを手伝うなら、地蔵を組の占有物に認定すると指導が入っていたらしい。いったん組の占有物とみなされると、抗争の際などに組事務所の使用制限の対象に地蔵も含まれてしまい、住民が地蔵に近寄れなくなってしまうのだそうだ。これは、あくまでも組側の話なのだが、どうやら警察はヤクザそのものよりも、一般人がヤクザと接しないようにしているようだ。暴排条例の狙いなのだろう。

地域住民に迷惑がかかることを嫌がるヤクザの特性に目をつけたこの条例。効果をいきなり目の当たりにしてしまった。といっても撮影できないのだから意味はないかもしれない。

これからも、カタギの人の撮影をヤクザが自主規制する場面が出てきそうだ。しかし、そうなるとヤクザと住民との絡みは、ほぼ撮影できないということになるのか。社会との接点は、今回のドキュメンタリーにおいて欠かせないテーマの一つなだけに、いきなり高い壁が立ちはだかった。

しかし、そもそも撮影できるような彼らと社会との接点なんて存在するのだろうか。今はよく分からない。ヤクザが喫茶店に行くシーンを撮って流すだけでも、マスターが捕まるかもしれない。やはり事務所内の撮影だけで作品を成立させなければならないと、スタッフと再確認。撮影条件の厳しさは事前に覚悟していたが、実際に直面すると、撮りたい欲求が出てきて、もどかしさを感じてしまう。

若頭の態度にも驚かされた。あれだけ撮れそうな感じを漂わせ、そのためにこっちもスタンバイしてずっと待っていたのだが、いざとなると撮れないことがずっと前から決まっていたかのように断ってくる。「アカンで。取材できへんで」と一言だけ。むしろキツい言い方なので、こちらがすいませんと謝ってしまったくらいだ。取材交渉の時から気づいていたのだが、彼らは絶対に「ごめん」という言葉を口にしない。

待ち合わせ時間に遅れても、約束を反故にするときも、最初からそうだったろうと言わんばかりの態度だ。そして、なぜか最後はこちらが謝っているというパターン。これもヤクザの交渉術なのだろうか。

ドッと疲れ果てて、再び清勇会の事務所へ戻る。

なんだか事務所へ入ってホッと一息している自分たちに気づき、苦笑い。撮影二日目にしてもう事務所の雰囲気に慣れてきているのかもしれない。この慣れは危険だ。

そんなことを考えていたら、今度は東組組員の出所祝いをやるので撮影においでと、若頭の大野さんから再び誘いの電話がかかってきた。

居酒屋で撮影

出所祝いは居酒屋でやるらしい。若頭の口ぶりからは、どうやら会長の川口さんが私たちにも声をかけるよう命じたようだ。今度は参加者も身内だけのようだし、会長の誘いなので、カメラが回せる可能性は地蔵盆よりは高そうだ。しかし、どうも気が乗らない。

初めてのヤクザ取材とこれからの撮影の不安で、スタッフは自分を含め、疲れきっている。さらに、いったん撮ったら使わざるを得ないような変な圧力をかけられるのではないかという恐怖感もある。若頭は「使う使わないは、オタクらの自由やで」と何度も言うが、ヤクザの言うことだ。カメラに収まる相手次第では「わざわざお願いして撮らせたものをカットするなんて、許さへんぞコラ」となりそうな予感がしてならない。撮りたい気持ちも一瞬頭をよぎったが、やめよう。若頭に「スタッフが疲れているんで、今日は」とやんわり断る。しかし「親分が」と会長を引き合いに出し逃がさない。交渉事は数段相手のほうが上だ。結局、渋々指定された居酒屋へ向かうことになった。どんなメンバーが来るのかは分からぬままだ。

そもそもこの居酒屋は、カメラが来ることを知っているのだろうか。一声かけてあるとは思えない。どんな反応が待っているだろう。不安ＭＡＸになりながら店に到着。

すると、店の外にあきらかにそれと分かる一団を発見。川口さんの姿もある。と思ったら私たちを完全に無視して店内へ。絶対にこっちが見えているはずなのにスルーとは。呼んでおいて一体……と思いつつ、苦笑するしかない小市民の悲しさよ。店の外で待ちぼうけをくらうことに。

結局五分くらいして若い衆が出てきて「もうちょっとしたら撮りに入ってきてもいい」とぶっきらぼうに言われようやく店内へ。またここでも「すみません」という言葉が出てしまう。

店内ではすでに宴が始まっていた。川口さんはこちらに目線も送ってこない。でも、会話にはカメラやテレビという単語が交じっている。こちらの存在は意識しているようだ。一体どういう人なのか、川口さんの性格はよく分からない。他の組員たちからも当たり前のように何の説明もない。みんな川口さんの世話に一生懸命で、こちらのことを構っている余裕などないのだろう。あれほど強面の大野さんも川口さんの前だと新米サラリーマンのようになっている。まあ、それはそれで見ていてちょっと楽しいが。完全な縦社会、「親分が絶対」の組織であることを改めて認識する。

東組傘下の組員の出所を祝う会の参加者は一〇人ほど。全員が東組だということだが、清勇会以外はほとんど見たことのない顔ぶれだ。一人見覚えのある人を発見。桜井さんという、以前、阿武野プロデューサーと挨拶しにいったときにいた年配のヤクザ。酔って「憲法を守れ！」と帰りの車まで追いかけてきた人だ。

カメラが来ていることでみんな興奮しているのか、単に酔っているのか、自然な会話とは言いがたかったが、私たちに敵意は持っていないようだ。川口さんが撮影OKならOKということだろう。

初の会長撮影

川口さんを撮影するのも、この日が初めて。意外と素で話していて被写体として悪くないと感じる。酒のせいもあるかもしれないが。マイクを食べるようなおどけた仕草も見せた。雑誌では腕組みポーズでカメラ目線みたいな写真ばかりだったので、格好つける人かと思ったが、そうでもないようだ。結局、食事会の様子を三〇分ほど撮影した。川口さんが「何でも聞き」と言うので、おそるおそる近づき質問する。

――今日の目的は？

川口　(参加者二人を指して)この二人。一審で無罪になった。で、控訴審で有罪になった。こないだ出てきたから、一緒に食事しよって。

――何で捕まった？

川口　何って、ええことしてへんよ、ろくなことしてへん。(警察は)うちの組はクスリばっかりと思うてんのかしらんけども、それで大体目付けられる。してるで。してるもんしてるで。どこでもしてんのや。

桜井　日本は法治国家で悪いことしたら捕まるねん、普通の人も。それが一般の人間は当てはまらんねん、我々だけ当てはめよる。何でも当てはめる。日本国憲法で守られてるのと違うんか。これ差別やぞ。何したかて捕まえる。いやほんまやで。

川口　ええこと教えたるわ。暴力団に入ったらあかんと、こういう末路になると。それをやな、放映するほうがええやん。それを追いかけたほうが値打ちあるで。ずっとドキュメンタリーや。

桜井　そうするとヤクザの世界を肯定できんいうことやで。

桜井　そうそう肯定できん、いたらあかんいうことや。締め付けがきついからやな、去っていくみんな。暴排条例で減っていっとるやん業界全体が。もうシノギがないわ。みんな生活保護貰うてると。そやろ、今はそういう現状やということをやな、放映するほうがええ言うの。

川口　でも、間違うてることは間違うてるって言わなあかん。幼稚園に通うてはる子をやな、親がヤクザやからって来てくれるなと言うのは、間違うてる。わしらだけを差別するのはかめへん。我々が間違うたことしたら、それはそれでええちゅうねん。そやけど子どもに罪はないやろって。子どもを通園さすなって圧力かけるのは間違うてる。

いきなり暴排条例や、差別の話が出てきた。今回の作品のテーマとなり得るような内容だ。あげくに薬物の売買を認めるような発言も飛び出した。

◉暴力団対策法、暴力団排除条例について

暴力団対策法（暴対法）

一九九二年施行。「暴力団による不当な行為の防止等に関する法律」。抗争による一般人への被害、地上げや取り立てなど社会経済への介入の深刻化を受け、市民の安全確保を目的として制定された。法律上、初めて暴力団を反社会的存在として明確に定義、暴力団員に占める犯罪経歴者の割合など一定の要件を満たした団体を「指定暴力団」とし、抗争時の事務所使用制限や、みかじめ料（用心棒代）などの不当要求の禁止・処罰を定めた（その後、たび重なる改正を経て罰則の強化などが行なわれている）。

暴力団排除条例（暴排条例）

二〇一〇年、福岡県で初めて施行。健全で平穏な市民生活を確保するため、暴力団を排除することを目的とし、二〇一一年までに全国四七都道府県で施行された条例。暴力団員等に対する利益供与の禁止を柱とし、事業者が違反すると公安委員会から指導や勧告を受け、従わなければ名前が公表される。暴力団を排除する上で支障となる行為を制限しているのが特徴。この条例を受け、各企業は契約書に暴力団と関係がないことを確認する暴排条項を設けた。これにより、指定暴力団の組員は実質的に銀行口座の開設や宅配便・ホテルの利用、公共住宅への入居などができなくなった。

渋々来た居酒屋だったが、結果的に想像以上の撮れ高になった。しかも、事務所の外で撮影することが許されたのは大きな収穫だ。イイ取材ができたと、昂揚感に満たされる。

さあ帰ろう。すると、参加者の一人から呼び止められた。首にまで刺青《いれずみ》を入れたその組員は、清勇会とは別の二次団体に所属しているという。嫌な予感と思ったらやはり的中した。清勇会のメンバー以外の顔を出してくれるなと言う。

「川口さんからは全員顔出しOKの了承をもらっているんです」と抵抗するも、いかつい組員は「うちは関係ない」の一点張り。どうやら彼の理屈では、取材OKなのはあくまで清勇会だけで、他の団体の組員はそのつど許可を取らなくてはならないようだ。

一〇人の参加メンバーのうち清勇会は川口さんとあと二人だけ。これではほとんどがモザイクになってしまう。

うーん、困った。「NGなら最初に言ってほしかったです！」などと言えるわけもなく引き下がる。カメラマンも意気消沈。これからもこの手の「イチャモン」は避けられないだろう。ヤクザを取材すると決まった段階で覚悟はしていたのだが。振り返れば、結局プラスかマイナスか分からない日だった。まだ二日目というのにグッタリだ。

宇宙人との未知との遭遇のような経験だと思うと疲れるのも納得できるが、これが毎日続くのかと思うと気が滅入る。

ナオト君

宿は三人で相部屋の和室。組事務所から五分のところにホテルをとった。最初はウィークリーマンションでそれぞれ個室にしようかと思っていたけど、こっちのほうがなんだか合宿みたいで楽しい。ずっと一緒だとわずらわしいときもあるだろうが、干渉し合うことの良さもきっとあるはずだ。過干渉の典型のような集団を取材しているんだし、環境は似せておいたほうがいい。ここを取材の根城にしよう。

昨日は、当番責任者が来る時間より前にカメラが着いていて嫌がられたので、今日はあえて遅めに事務所に向かう。ちなみにここでは一〇時がその「出社」時間だ。みんなピッタリやちょっと前に来る。ヤクザは時間にはいい加減というイメージだったが、意外と守っているようだ。聞くと、大体待ち合わせの三〇分前に来るのが業界のルールとのこと。ずいぶん早い。

この日の責任者は片田さん。カメラは嫌いだがよく喋る。

部屋住みのナオト君．雑談には加わらず一人だけ距離を置いて座っていることが多かった

まだ数日接しただけだが、ヤクザの特徴として分かってきたことが一つある。それは人の話を聞かないということだ。こっちの質問に関係なく、自分の話したいことを一方的にまくしたててくる。若頭がその代表格。先にこちらが話し始めていても、上からかぶせてきて話を持っていってしまう。会話というより主張といったらいいのか、とにかく声の大きなほうが勝ちとばかりの勢いで攻めてくる。

それでいて、ボーッと聞いていればいいかというと、そういうわけにはいかない。突然「どう思う」とこちらの意見を求めてくることもあって、気が抜けない。まぁ、まったく話さない相手よりはいいと自分に言いきかせる。

寡黙なのは部屋住みの若者くらいか。一日中ずっと防犯カメラを見つめている。部屋住みの仕事なのだろうが、こんな苦行、自分にはとても真似できない。そう思うと、彼がなんだか若い修行僧のようにも見えてくる。まわりの組員からナオトと呼ばれている彼、年の頃は二十《はたち》そこそこといった感じだ。話を聞いてみる。

防犯カメラのモニターを見つめるナオト君．朝の掃除が終わると夕方までずっとこの姿勢のことも

―― 防犯カメラはずっと見てなきゃいけないの？

ナオト　はい。いや、あの、カシラ（若頭）も来られるようになったんで、あのその……こういう一番下っ端の立場やから、すぐ降りていって挨拶し、しなダメなんで。こういうふうにカメラを見て、見たりしてるわけです、はい。ええ。

―― どうしてヤクザに？

ナオト　まぁ食っていくためにヤクザになったわけです僕は、はい。あのその、僕みたいなこういう世界に入ってくる人間は、社会が求めてないじゃないですか。あの日本いう社会は、僕みたいな人間求めてないでしょ。ええ。あの、だから、そのあの、あの、今来られてる三人のメディアの方たちというのは、その日本いう社会が求めとる人格に見合っとる方たちやと思うんですよ。ええ。

言っていることがよく分からない。変わっているなあ、この子。なんか、ありそうだ。

約束

清勇会の川口さんとプロデューサーとの話し合い。この前、若頭が放送前に収録テープを見せろと言いだした件だ。

しかし、実際に会長と詰めてみると話は違っていた。作品に盛り込んでほしい内容があるとのこと。それは、親がヤクザであるという理由で、子どもが幼稚園から入園を断られる現実についてだ。最初の取材交渉のときも、東組組員の出所祝いの居酒屋でも力説していた。飄々としている川口さんだが、この話になると人が変わる。「本人と嫁の第一、第二の差別までは覚悟の上。でも子どもは関係ない。第三の差別を生むんや」と力が入る。

プロデューサーからは、「その話はこちらも扱いたいと思っている。ただし、表現方法は私たちのやり方でやる」と返答し、川口さんも了承した。

モザイクに関しても、撮影NGの人は事前に申し出てほしいし、それでもグループショットには映り込んでしまうかもしれないと伝え、同じく了承される。あとは昔話。何度か死にそうになったという話を聞く。

清勇会メンバーメモ

各曜日の責任者

月曜　田中さん

火曜　呉本さん　※服役中のため小林さんという人が代行。撮影NG

水曜　河野さん（池田さんと呼ぶ人も）
木曜　今井さん
金曜　隈村さん
土曜　片田さん　※カメラ嫌がる
事務局長　河野さん
部屋住み　金城さん、ナオト君

組事務所

再び取材で大阪入り。火曜日の当番責任者のところには、「呉本」と書いてあるが、実際に座っている人は、まわりから違う名前で呼ばれている。聞くと、近く懲役とかで代わりに別の人が責任者代行をやっているようだ。小林と名乗り、自分は清勇会の「枝」の人間だと説明された。しかし「枝」の意味が分からない。

話を聞いているうちに、清勇会の下の組織が存在することが分かった。本社にあたる東組本家、その支局のような存在として清勇会、さらにその下に三次団体として別の組というピラミッド型の構造。枝とは、本家を幹になぞらえて、二次団体や三次団体のことを指しているようだ。

小林さんはカメラを嫌がっている。土曜の責任者、片田さんと一緒だ。

こういう場合はどうなるんだろう。つまり三次団体の構成員の撮影許可は改めて取る必要があるのか、ということだ。清勇会のメンバーは、会長の川口さんが許したということで、半ば強制的に（実際のところ完全に強制的に）顔出しＯＫということになっているが、三次団体の構成員の場合はどうなのか。二次団体がＯＫならその下の三次団体もイイということになるのだろうか。少し逡巡したが、ウン、そうに違いないと自分を納得させて撮り続ける。フワフワと撮っていこう。怒られたらその時に考える。

そもそもこの取材は、聞くとヤブヘビになりそうなことが多い。そういうときは、どちらともつかない感じにしておくのが賢明だ。最近会社でもコンプライアンス重視とやらで、契約書や確認書などを交わすことが多いが、こと東海テレビのドキュメンタリーに関しては取材相手とは何も文書を交わさない。互いの信頼関係だけ。揉めることの多いこの仕事で、口約束だけとは不安になるが、これが不思議と功を奏している。法廷闘争にまで発展するなんてことは一度も起きていない。

契約を交わしておいたほうが安心して取材できるというのが普通の考え方なんだろうが、契約することで逆に失われるものもある。それは、信頼なのか親しみなのか、言葉ではうまく言い表せない。しかし、いずれにせよカッチリさせることが、すべてにおいてよい結果をもたらすわけではないということは、これまでの取材を通してハッキリ実感している。

組側からも取材を始めるにあたって念書のようなものは求められなかった。口約束が残っている数少ない業界なのか、古い日本のしきたりなのか。任侠の世界と東海テレビのドキュメンタリーの世界は若干似ている。でも、そんなことを言うとプロデューサーに怒られるから黙っておこう。

昼にはちょっとした事件が起きた。事件といっても、大阪府警のパトカーが事務所にやってきて、建物の前に停めてあった組関係者の車について聞いただけだが。勇敢な中根カメラマンは、ここで外に飛び出し撮影。私は完全に及び腰。ビビッて上の組事務所で待っていた。警察が怖くてヤクザの組事務所

料理のほとんどは元調理師の金城さんが担当．離婚は２回，孫もいるが過去についてはあまり語りたがらなかった

に隠れるというのは、なんだか言葉の響きだけ聞くと完全に組側の人間のようだ。そのまま警察官が事務所に入ってきたら、なんと説明すればいいのだろう。その前に中根さんが捕まったら……。わずかな時間がとんでもなく長く感じる。胃が痛い。

中根さんはほどなくして戻ってきた。聞くと、撮れたという。いわゆる職務質問なのだろうが、「取り締まられる側」から撮影したのは今回が初めてだ。これまでは警察官越しにしか撮ったことがない。

彼らは、カメラの存在をどう思ったのだろうか。今後の取材の妨げにならないかが、少し気がかりだ。

午後からは部屋住みの金城さんに組事務所の中を案内してもらう。金城《かねしろ》さんはまだ来て八カ月。五〇歳にして部屋住みという一番下の身分だ。名字から沖縄出身かと思いきや、関東だという。詳しく聞くと、金城という名前は「渡《と》世名《せいめい》」であると明かしてくれた。渡世名とはヤクザの世界でのみ通用する芸名のようなものだ。何らかの事情があって本名を隠したいんだろうと推測する。

組事務所の本棚．金城さんに一番の愛読書を聞くと，警察小説の誉田哲也著『ストロベリーナイト』だと教えてくれた

それとなく事情を聞いたら、自分の親分が刑務所に入っていて、その間しばらく清勇会にやっかいになっていると教えてくれた。親分が金城ということで、その名前をもらって金城姓を名乗っているそうだ。他の組にやっかいになるとか、名前をもらうとか、独特の業界ルールが出てきて戸惑う。

　小指もなく刺青もバッチリ入れている金城さん。イカニモなヤクザなのだが、少し「天然」なところがある。真剣にやっていても、空回りすることがよくあるのだ。職業と性格のギャップが、なんだか見ていて微笑ましい。ヤクザに対して微笑ましいなんて不思議な表現だが、どうやらスタッフも同じ感想を持っているようだ。

　事務所案内のときも、「天然」の片鱗が見えた。三階の居住スペースの案内。本棚の小説の中で何が一番好きかと聞いたら、「刑事モノ」と返ってきた。ヤクザが警察の活躍するストーリーを好きだなんて不思議だなあと笑ってしまうが、本人は大真面目。悪が懲らしめられるストーリーがスカッとするのだそうだ。

ちなみに、同じ本がたくさんあるのは、刑務所に差し入れするため一度に購入するからなんだとか。これは「へぇ」だ。

『ヤクザ列伝』とか『薬物大全』といったいかめしい本の間に、『世界の猫カタログ』や『犬と私の10の約束』なんていうかわいらしい動物の本が交じっている。なぜだろう。金城さんは「刑務所の中では癒しが欲しくなるでっしゃろ」と当たり前のように言うが、ということは、全国の刑務所では、ヤクザたちが犬とか猫の写真を見て癒されているのか。刑務所に入ったことがないのでイメージがわかないが、なにせ経験者が言うことだ。自分が刑務所に入って猛烈にネコの図鑑が見たくなっている姿を想像してみる。

水牛の角やトラの剝製など「いかにも」な置き物も多かった．多くはもらいもののようだ

三階には他にも不思議なモノがあった。部屋の片隅に置いてある目覚まし時計は、なぜかサンリオの「マイメロディ」のキャラクター時計だった。赤い耳をしたかわいいウサギ。キャラクター好きな組員がいるのだろうか、自分の中のヤクザ像が音を立てて崩れていく。

ヤクザとマイメロディ、存在が真逆すぎて思わず声を出して笑ってしまった。ごめんなさい、金城さん。

結局、なぜマイメロディなのかについては納得のいく答えは得られずじまい。しつこく聞くと、金城さんは嫌な顔をしてキャラクターの顔を向こうに向けてしまった。

その後は、壁にかけてある額の「仁義」や、でっかい木彫りの「任侠」の文字について質問。仁義とか任侠という単語の意味を純粋に知りたかったのと、実際に生活の中で言葉が生きているのか興味があったのだが、これもうやむやな返答しかもらえなかった。

あまりしつこく聞いていたのか、あとでカメラの中根さんから金城さんを怒らせようとしているのかと、ちょっと叱られた。でも、一般の感覚からしたら、仁義や任侠という言葉は、ヤクザとイコールなくらい、切っても切り離せないものに思えるのだ。本人たちがどれくらい日々の生活でこれらを意識しているかは、また改めて聞く必要があるだろう。

それからも、部屋に銃は隠していないのかとか、大きな包みをマシンガンではないかなど手当たり次第に質問し、金城さんをあきれさせてしまった。テレビの見過ぎと諭される。テレビの人間なのに。

これだけ根掘り葉掘り聞いたのには、一つ理由がある。ロケに入る前に、プロデューサーから、とにかく最初は率直に疑問に思ったことをぶつけるべし、とアドバイスをもらったのだ。確かに日数を重ねれば重ねるほど、初めての時の感覚というのはなくなっていく。なにせ誰も知らない世界に飛び込んだのだ。先方からアホだと思われようが、疑問や違和感をその場でぶつけていかないといけないという意味だろう。慣れは禁物だ。

それにしてもヤクザは、あけっぴろげだ。大阪という土地柄のせいなのか。それとも清勇会の特徴なのか。どちらか分からないが、取材を始めてまだ二週間そこそこで、ここまで出してもいいの？というところまで喋ってくれる。最初の頃は、これもヤクザの作戦のうちで、油断したところをバクッとやられてしまうんじゃないかと用心していたが、一緒に過ごしている限り、どうやらそういうこともなさそうだ。もちろん、撮影が終わるまで油断はできないが。

シノギ

今日は、シノギについて、丁寧に教えてくれた。もちろんカメラの前で。もしやテレビカメラというものを知らなくて、あとでとんでもないことになるのではと少し不安になったが、さすがに明治時代の人間じゃあるまいし、撮られているという認識はあるに決まっている。しかし、手の内をそこまで明かしてしまって大丈夫なのか。もし、私たちがこの映像を放送したら、即逮捕ということはないにせよ、彼らがマークされるおそれは十分にある。喋ることで何のメリットもない。へたしたら人生が大きく変わる（おそらく悪いほうに）取材を、なぜ受けるのかとグルグル考えてしまう。彼らは、なぜこんなにさらけ出すのか。

一つには、彼らは誰かに話を聞いてほしいという気持ちがあるのだろう。普段、ヤクザの言い分など誰も取り合ってくれないのではないか。カメラを前に、自分たちの置かれた不遇な立場や先行きの不安などを延々と語り続ける。聞いていてふと、この感覚はどこかで……と思ったら、身寄りのないお年寄りのインタビューと似ていることに気づいた。普段、人と接していない独居老人は、話を聞いてくれる人が来ると、堰を切ったように話し始める。切り上げようとしても離してくれない。それと同じなのだ。

おそらく組員たちも会話を交わす相手が少ないのだろう。いないとまでは言わないが、限られているに違いない。とくにカタギの相手が。背景には暴排条例で一般の人たちとの接触が減ってきていることもあるように思う。

そこにたまたまやってきた取材スタッフ。恰好の話し相手なのかもしれない。普段誰も耳を貸してくれない自分の心の叫びを聞いてくれる存在。話しているうちに裏話までさらけ出してもおかしくはない。

そして、もう一つの理由としては、彼らに「覚悟」があるということだ。覚悟と言っても、そんなに格好いいものではない。どちらかというと「やぶれかぶれ」というニュアンスに近い。さらけ出すことでリスクが生じても、極端なことを言えば、そういうこともあるさと受け入れてしまう。その証拠に、彼らと話していると、よく「まあ逮捕されてもいいや」という意味合いの発言が出てくる。確かにこれまでの人生で逮捕されることについて、ハードルが低くなっているということは考えられるが、どうもそれだけではなさそうだ。

「何か起きたら、その時にまた考えればいいさ」というケ・セラ・セラな生き方。日本風にいえば「刹那に生きる」とも表現できるかもしれない。その瞬間、瞬間を生きているように感じる。ヤクザについて書かれた本なんかを読んでも同じようなことが書いてあるのを見ると、どうやら、この感覚はヤクザ特有のものなのだろう。

こちらからすると少しうらやましくもある。テレビ局のように日々、誰からも突っ込まれないことがよしとされる環境に身を置いていると、ふと、もし自分がヤクザとして今の時代を生きていたら、どんな日々を送っていただろうと妄想にふけってしまうのだ。疲れたサラリーマンが吟遊詩人に憧れるような、そんな感覚と言ったらいいだろうか。自分ができないことをやっている人間に対する憧れ。それがこんな時代でも、ヤクザに憧れている一般人が一定数存在する理由なのかもしれない。

一つだけ確かに言えること、それは彼らの考え方や行動の根っこに、一般社会のルールや常識とは違う何かがあるということだ。それが何かと尋ねると、「任侠だ」と答え、「任侠とは何だ？」と聞くと、「それはうまく言えない」と言われてうやむやになってしまうのだが、スジや義理を重んじる彼らの生き様は、必ずしも口先だけの建て前ではないように感じる。

しかし、リスクを負うことに対して、ここまで無防備というのは良し悪しだ。なかなか撮れないシーンをカメラに収めることができる一方、決して手放しでは喜べない。「これを使ったら、この人はどうなってしまうんだろう」と心配になってしまう。

もちろん、取材である以上、最終的に表現として必要だと思えば、「えいやっ」で使ってしまう残酷さ、狡《ずる》さは持っているのだが。

彼らが覚悟を持って接してきている以上、こちらの覚悟も試されている気がする。

最後にどこを使って、どこを使わないのか、そしてその基準は何か。コンプライアンスだとか上司の判断で、という言い訳は通用しないだろう。彼らに見せる自分のオリジナルのものさしが必要だ。

一方的に調子よく利用するようなことをしたら、彼らのルールで裁かれるだろう。

それにしても今回の取材は、インタビューの質問が難しい。もっと厳しく突っ込むべきなのか。たぶんそうだろう。しかし、取材を進めれば進めるほど、ヤクザが自分たちと変わらない人間だということが分かってくるのだ。集団ではともかく、少なくとも一人一人は。グチも言えばダジャレも言い、金に困り、家族を大切にしている。つい、質問を加減してしまう。

でも、これは言い訳だろう。彼らが自分と同じ人間であることを実感するのと、質問が手ぬるくなるのは違う次元の話だ。

映像を初めて見る人たちは、ほぼ一〇〇パーセントがヤクザ＝悪の権化、という感覚で捉えるはずだ。私たちが見る人たちを代弁して、質問をヤクザにぶつける立場にならないといけない。

少しでもヤクザ側に立ったり、同情的なスタンスをとっていると思われた瞬間に、この作品に対する信用性はゼロになってしまう。その一線だけは、死守しなければ。このドキュメンタリーは、闇に光を当てるだけで終わらせてはいけない。いや、光の部分があってもいいかもしれない。でも、必ずそれには影がセットにならなければならない。

なぜなら、彼らは違法行為をしているからだ。この世界で善と悪、光と影を分けるのは、最終的には合法か違法かということだろう。それ以外の基準は、今の自分には思いつかない。そして、そんな新たな基準は思いつきたくない。もしそんなことを思いついてしまったら、作品自体が滅茶苦茶になってしまう。合法か違法か、それが一番大事だと言い聞かせる。

総会

今回は二泊三日。いろんなイベントがある。まず今日は清勇会の総会。大勢が集まって会議をやると聞いている。話し合うことは何だろう。シノギなんかの違法行為について相談するのだろうか。規律に関するようなことを話すのか。そもそも撮れるのか撮れないのかすら分からない。まあ、いつものことだ。

事前に確認するのはやめておいた。前もって聞いても、良いことはあまりない。断わられるなら、断わられるところを撮ればいい。いつも通り、フラッと行ってみてカメラを回してみよう。

会は、そんなに大きな規模ではなかった。一〇人程度のこぢんまりとした寄り合いのような感じ。二次団体の総会はこんな感じなのか、比較する対象がないので分からない。冒頭の執行部の会議というのは撮影できなかった。聞かれたらまずいことを話し合っていたのだろう。詳しくは突っ込まなかった。いや、突っ込めなかった。それでも、若頭から「撮らないでくれ」と言われた場面が撮れたのは明るい材料だ。

この「断わられる」ところを撮影できるかどうかは大きい。それが撮れないと、こちら側の配慮であえて撮っていないように作品を見た人から思われる可能性がある。今回のテーマでは、そういう「配慮」や「思いやり」が、取材相手との癒着のイメージに繋がりかねない。本当に撮るべきシーンや聞くべき質問を、相手のことを気遣ってあえてスルーしていると思われた瞬間、この作品の信用性がなくなる。気が抜けない。

もし、相手に配慮したり、なびいたりするなら、その過程の制作者側の心の動きもちゃんと撮って流さないといけない。それだったら、極端なことをいえば、「ヤクザに懐柔されてヤクザ寄りになっていってしまう取材陣」として成立はする。それはそれで、恐ろしい作品になるが……。

後半の全員参加部分は撮影が許された。

月に一度の総会．若頭が進行していく．本家からの通達事項がおもで，議論するという感じではなかった

若頭　ほんなら九月度の清勇会総会、始めます。物故者並びに服役者に黙禱。……ありがとうございました。まず会計報告。今月、入金が五五万、残一一万三〇〇〇円のスタートです。……ちょっと部屋住み呼んできて。

（若頭が部屋住みに金を渡す）

ナオト　ありがとうございます。ありがとうございます。

若頭　二、三報告あるんで。本部付きの片田力。今年の一二月一三日の本家事始めで親分の盃いただいて直参となりますんでみなさんよろしくお願いします。（拍手）あと、以前ミキオを絶縁処分にしてたんだけど、出てきてまだ大阪におるいうことで、絶縁大阪所払いの再通知の状、出しますんで、みな、なんのかんのあったら事務所に報告あげるようにお願いしときます。で本家の赤松の三代目が務めに入りました。二年四カ月。

若頭　代貸（舎弟頭）、何かありますか。

代貸　いやない。

若頭　事務局長。

河野　ないです。

若頭　ほな今月の総会終わります。ご苦労さんです。

（メンバー解散、総会終了）

――事務所の運営費はどうしている？

若頭　うん、それはもう事務所を維持していく最低限のみんなの会費で。それで光熱費払うたりとか。

――絶縁というのがよく分からないんですが。

若頭　はい、まぁあの処分ですね。普通の会社やったら懲戒とかあるのと一緒で、はい。再通知でね。それは言うこと聞かんと会の方針にのっとって処分してるにもかかわらず……そういう行為があるからです。

――こういう会はどれくらいの割合でやる？

若頭　月に一回です。はい。

――会長の川口さんは来ない？

若頭　出ません、はい。こちらに任されてるんで。一応執行部がありますんで、はい。なんかことがあれば話し合いますけど、はい。

――部屋住みの二人がお金もらってましたけど？

若頭　あれはもう小遣いです。はい、事務所のことを一生懸命やってくれてるんでタバコ代です。はい。いや、よそは知りませんけど、うちはそうやってます、はい。

――額は決まってる？

若頭　はい決まってます。

――いくら？

若頭　一人二万円。給料じゃないです、はい。事務所のことを二四時間やってくれてるんで、はい。タバコもいりゃあ、ジュースもいりますし。はい。

短い時間だったが、「直参」とか「絶縁処分」「所払い」などといったヤクザ雑誌でよく読むような単語が飛び交い、なんだか面白かった。

取材し始めて一番「それっぽい」雰囲気だったように思う。取材に入る前の彼らのイメージに一番近い。惜しむらくはスーツを着ていないこと。やっぱりヤクザといえばスーツのイメージなのだが、全員おもいっきりカジュアルな服装。中にはジャージーの組員もいる。まあ、そんなにこっちの思った通りにはいかない。これでもよしとするか。

その他にも、普通の会社のように会計報告があったり、部屋住みにお小遣いがあったり、「へぇ」というポイントがたくさんあった。

しかし、会計で具体的な金額とか出てきているけど、そのまま放送に出して大丈夫なのだろうか。小遣いが二万円なのは多いのか少ないのか、おそらく少ないのだろう。これがテレビに出てメンツを潰されたなんて激怒されたらどうしよう。まぁ、そこは後で考えよう。

若頭の怒り

怖かった。若頭が怒った。組織のナンバーツーの激怒だ。

といっても私たちにではなく同じ組の人間にだが、一瞬撮影しているこちらにも怒りが向けられた。一番撮りたい、けどなかなか撮れないだろうと思っていたシーンは突然やってきた。

「ナオト、ちょっと」と個室に呼ばれ、その後に怒号、何かが倒れる鈍い音、パシンと乾いた音が響いた。よく聞こえないが、親分の前で何もせずボーッとしていたことを叱られているようだ。いや、叱られているという表現は的確ではない。どやしつけられているというほうがピッタリくる。質問しているようで答えは求めていない。

恫喝《どうかつ》とヤキ入れ。ヤクザのヤクザたる所以を垣間見た。やはり彼らの根源には、恐怖による支配という原始的な暴力の世界がある。心のどこかでは冷静に「よし撮れた」という部分がありながらも、若頭の威嚇に震え上がった。

と、同時にどこか若頭の中にも感情と計算の両方が存在しているように感じた。おそらく自分の行為が相手に与える影響を冷静に計算しているのだろう。ヤクザには、どこか自己演出に長けたところがある。今でこそ人を脅すような場面は減ってきているだろうが、昔は手を出さずに相手を動かすことがヤクザの仕事の神髄だったのかもしれない。刀を抜いてしまってはもう斬るしかなくなる。抜くぞ抜くぞと見せかけて実際は抜かないギリギリのところで勝負していると、自然と演じるスキルが高くなっていく。

どちらかというと直情的な人が多いのだろうが、感情を爆発させながらも、どこかで見られている自分を客観視している。そして、そのセルフプロデュースの上手な人が組織の中でも上にあがっていっているのではないか。四〇代半ばでナンバーツーにまで上り詰めた「出世頭」のヤクザのふるまいを見て、そう感じた。

撮影一カ月

取材開始から、ちょうど一カ月。やっと一カ月だ。なんだかいろいろあった。うまくいっていることは間違いない。最悪の結果も予想していただけに素直にうれしい。でも、なぜうまくいっているのかまでは考えないようにしよう。頭で考えすぎると、安直な公式を作りかねない。未知の領域だった世界を一カ月そこそこで分かったつもりになるなんて甘すぎる。大ケガの元だ。ここまでは、たまたま結果オーライだったと謙虚に受け止めよう。ヤクザのように……ではないが、一瞬一瞬を大切にし、その場で判断して撮れるものを丁寧に追っていけばよい。

第2章　ヤクザの日常

難攻不落の会長

会長の川口さんから連絡が入る。撮影のお誘いだ。東組の別の二次団体の組長の母親が亡くなり、葬儀に参列するから撮ったらどうか、と。再び外で撮影するチャンス。

だがすぐ、そんなの撮影できるのだろうかという疑念が頭をかすめる。冷静に考えてみよう。組員の葬儀ならまだしも、母親は一般人だ。列席者の半分くらいは「カタギ」ということになる。いきなりカメラが来たらその人たちが仰天することは間違いない。その前に、そもそも喪主には私たちが行くことを伝えてあるのだろうか、そして葬儀場側にも……。考えだしたらキリがないので、また思考を停止させて現場に向かうことにする。

この間の居酒屋での対応を見る限り、川口さんは誘っておきながら、こちらに声はかけてこない、何とも不思議な距離感が予想される。とりあえず現地で合流ということを伝え、川口さんの運転手役の事務局長・河野裕之さんに葬儀場に着く一〇分くらい前に電話してもらうよう手筈を整えた。

まずは川口さんの到着を撮る必要がある。先回りして葬儀場に到着。

葬儀場内では、組関係者らしきスーツ姿の男たちがうろうろしていた。いや、実際には普通に立っているだけなのだが、ヤクザのイメージなのか、ついうろうろしているように見えてしまう。

清勇会のメンバーなど知った顔は一人もいない。こんなところに「ちわーっす」とか言ってのこのこカメラで入っていったら、即射殺されそうだ。

一〇〇メートル以上離れたところに車を停め、カメラを持たずに、まずは偵察。参列者はヤクザとカタギの人が半々くらいか。いや、カタギに見えても実はヤクザの妻とか、母親なのかもしれない。そうなると、全員がいわゆる「暴力団関係者」なのか。不思議なことだが、ヤクザの家族と思うと急に恐ろしく見えてくる。これが先入観というものなのだろう。何か情報が欲しい。

とりあえず、川口さんと一緒に入っていくのが一番安全と判断。到着を待とう。

しかし予定の時間を過ぎても河野さんからの電話が鳴らない。そう思っていたら、いきなり見覚えのある車がすごいスピードで会場へ入っていった。川口さんの車だ。焦った顔の河野さんが後部座席を開ける。車から降りる川口さん。

河野さんはきっと親分のことでいっぱいいっぱいで電話を忘れてしまったのだろう。親分とはそれくらい大きな存在なのだ。

しかし困った。いきなり「入り」を取り逃してしまった。ビジネスの世界であれば「話が違うじゃないですか！」と詰め寄れるのだが、ヤクザの世界ではそうはいかない。理屈や常識を持ち出して、どうにかなるものでもなさそうだ。あわてて車からカメラを引っ張りだし、望遠で降りる所を狙う。案の定、川口さんは私たちに一瞥もせず会場の中へ……。ついていくこともできずに立ちすくむ。登場があまりにも急すぎたため、「ちゃんと撮れてないよ」と中根カメラマンは泣き顔。それはそうだろう。一瞬、勇気を振り絞って親分を追い、突入しようかとも考えたが、決死の覚悟で行ったところで最終的に使う可能性は低いと判断、結局取材を断念することにした。アポなしのヤクザ取材はハードルが高すぎる。まだ私たちにはそれだけの対応力はない。帰ろう。

とはいえ、黙って帰ってしまうと怒られそうだし、「お先に失礼します」とだけ伝えることにして、一人敷地内へ。こういう細かい礼儀が大事だ。

大阪府警のマル暴らしき警察官がいる。よく冗談でどっちがヤクザか警察官か分からないと言うが、そんなことはない。同じ服を着ていても警察官のほうが、顔がツルンとしていて服も小ぎれいだ。叩き上げの「ヤクザ刑事」みたいなのは減ってきているのだろう、強面の角刈りなんて一人も見当たらない。若い刑事の中には、ブランドバッグを斜め掛けしたオシャレな格好もいる。

一方、ヤクザのほうはなんとなく「現場感」の漂う日焼け顔に、よれよれのスーツ。金がかかってないのが一目瞭然。それに圧倒的に若者が少ない。この違いは待遇の差なのか、業界の勢いの差なのか……。

河野さんを発見、挨拶をすると、「親分が来るから、もうちょっと待て」と引き止められた。なんだか嫌な予感がする。やがて、川口さんがひょいと会場から出てきた。「撮ったらええがな」と一言。うまく都合をつけて断ろうと思ったが言葉が出てこない。結局あわててスタッフを呼びにいくことに。やれやれ。

喪主にだけ断りを入れ、カメラを敷地内に入れる。案の定、何も聞かされていない参列者たちはいっせいにこっちをギロッ、一気に物々しい雰囲気になる。まさかアポなしでヤクザのいる葬儀シーンを撮ることになるとは……。この場から消えてなくなりたい。

とりあえずは、参列者たちを刺激しないように「川口さんだけを撮っています」オーラを全身から漂わせることに。と同時に、近くにいた清勇会のメンバーにあえて親しげに話しかけ、仲間だと思わせる「おトモダチ作戦」を演出する。

はたから見たら、完全に組のお抱えビデオ業者みたいだ。警察の目にも濃密交際者と映るかもという考えが頭をよぎったが、この際は仕方ない。しかし、せめてカメラに貼ってある東海テレビというシールは、はがしておくべきだった。

幸い、その後は撃たれることも、文句を言われることもなく、出棺まで撮影することができた。完全に不審者扱いではあったが、参列者も川口さんの手前、何も言えなかったというのが正直なところだろう。

出棺を終え、再び離脱のチャンス。川口さんに一言だけ挨拶をして去ろうと声をかける。しかし、何を思ったのか、こちらの話も聞かず「おーい！」と大声で喪主を呼ぶ。今度は喪主と川口さんのツーショット・インタビューという不思議なものを撮ることになってしまった。喪主もヤクザだ。状況が呑み込めないのか、なんとも言えない表情を浮かべている。川口さんは「なんでも聞いたらええがな」と言うが、あまりにも突然で質問が思いつかない。サービス精神の現れなのだろうが……トホホ。結局、要領を得ない質問を二言三言撮って終了。半日で一リットルくらい脇汗をかいた。

美容院

川口さん、午後から髪を切りにいくとのこと。ヤクザの親分が美容院へ行くというのは面白い。どんな画が撮れるのかは分からないが、とりあえず行ってみよう。

着くと、想像以上にオシャレな外観。さあ、店側がどこまで取材させてくれるか。そもそも川口さんがヤクザの親分ということを知っているのだろうか……ドキドキしながら川口さんと一緒に店に入る。この胃が冷えるような感覚は、この先何度も味わうことになりそうだ。

変にオドオドしているとかえってよくない。まるで事前に話がついているかのように、川口さんの後について入店。とくに拒否もされない。それどころかやや歓迎ムードですらある。ちょっと拍子抜けしたが、もしかしたら事前に告げてあったのかもと思い直す。川口さん、意外と用意周到なのか。そして、この美容室で川口さんの新たな一面を見る。

（髪を染めながら雑談）
川口　社長（店長）も社長で電信柱やからなぁ。
店長　ハハハッ。
川口　駅前の自転車……駅前の自転車。
店長　何ですか？　駅前の自転車。
川口　ハハハッ。（カメラに向かって）分かる？
店長　会長、面白いこと、よく言われるんですよ。
川口　駅前の自転車……捨てたもんやない。

店長　はぁ。
川口　(カメラに向かって)さっきの電信柱は分かる？　浮気男のことを電信柱いうんや。家の中で立てんと外で立てるからや……フフフッ。
――(店長に)川口さんはどんな人ですか。
店長　素敵です。
川口　そういうのを白犬のしっぽと言うんやな。白犬のしっぽ。
――どういう意味ですか。
川口　尾も白い(おもしろい)。
店長　ハハハハッ。

ダジャレ好きの親分。なんだかコントのようなシーンが撮れた。そもそもヤクザの親分が美容院で髪を切っているというシチュエーションからして、すでに不思議な光景。面白い。

もちろん今回のテーマでは、面白いだけでは終われないのだが、これはこれでよしとしよう。すべてがテーマと直結していなければいけないわけじゃない。中根カメラマンは「これ、どうやって使うんだ」と首をかしげていたが。

しかし、最近はドキドキするというより、落ち着いてヤクザの世界を眺めてしまう自分がいて、スタッフとも「これはいかん。もっと最初の緊張感を取り戻さないと」と戒め合うほどだ。いったん緩んだら元に戻すことはなかなか難しい。作品を見る人は取材初日の、あの事務所の居づらさをずっと引きずっているはずだ。リラックスして取材していることが画面に出ると、「ヤクザ寄りだぞ」とすぐに感じてしまうだろう。この作品は「バランスが命」になるだろうから、距離感だけはきっちり保たなければいけない。

「ランニング親分」

再び川口さんの取材。難航している。インタビューはあるのだがシーンがない。シーンとは取材対象が何かしているところを自然にカメラに収めるもので、ディレクターと対面し一問一答するインタビューとは違う。私たちは、あくまでもカメラを意識していない状態を撮影したいのだ。

しかし川口さんは、どうしてもカメラを意識してしまう。自意識が強いのか、いや、正確に言うとサービス精神が旺盛なんだろう。カメラを向けている私たちに向かっていろいろ話しかけてくる。面白いことを言って笑わそうとしてくる。うーん困った。かといえば、時にまったく気が抜けているときもある。いろんなところを撮らせてくれようとするのはありがたいのだが、目的地に着くと「好きに撮りぃや」と言ってどこかに行ってしまう。本当につかみどころのない人だ。もしかしたら煙に巻いてつかませないようにしているのか。二二年間塀の中にいただけあって、ヤクザというより仙人みたいな雰囲気を漂わせている。果たしてこの人をカメラで追って、ヤクザの親分を表現できるのだろうか。

とにかく、そんな「難攻不落」の川口さんを何とかモノにしようと、「本家当番」の日を狙ってみることにした。本家当番とは、各二次団体が本家の当番をすることだ。

ヤクザの本家にはほとんど常駐の組員がいない。各二次団体が持ち回りで当番を担当し、本家に集ま

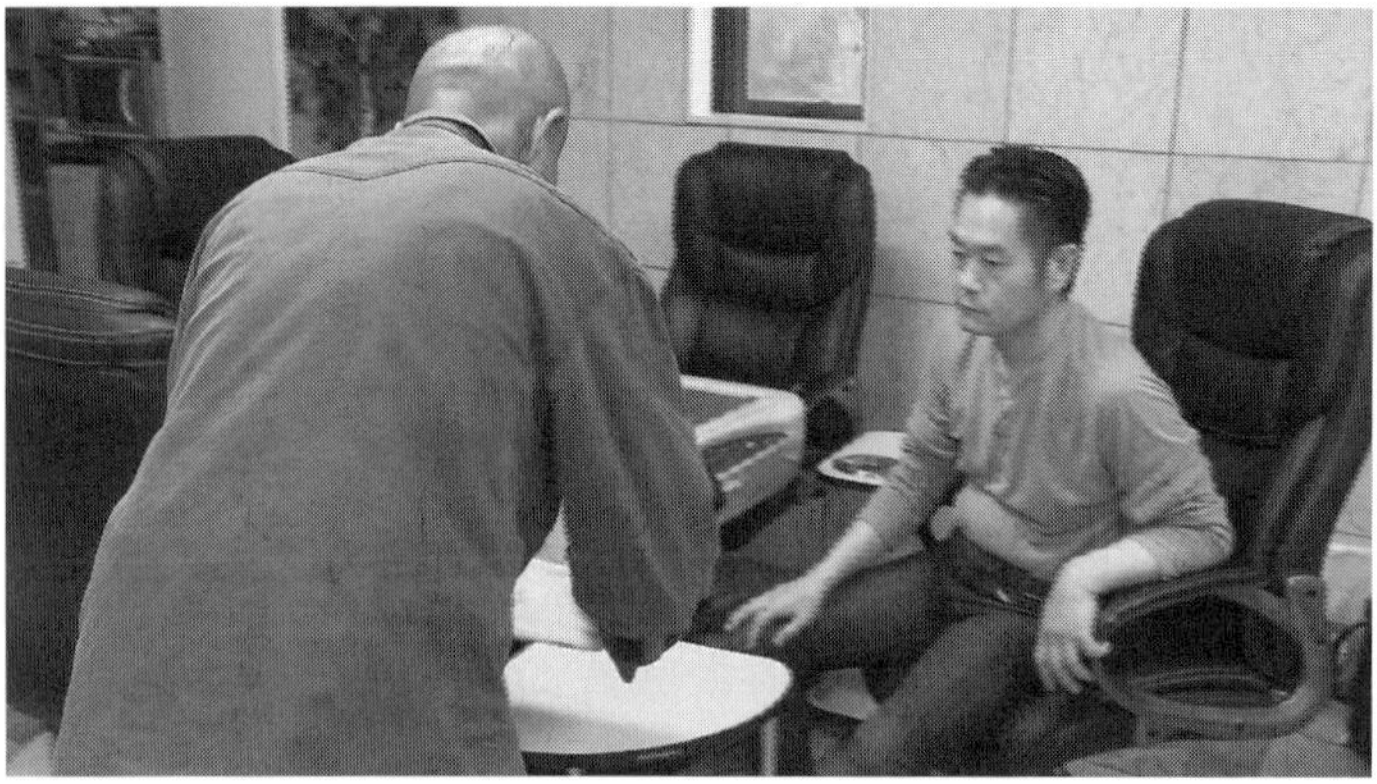

川口さんが来ると事務所に緊張が走る．予告もなくいきなりヒョイと現れて，組員たちがあわてふためく場面に何度も遭遇した

る仕組みになっている。月に一度、三、四日が割り当てられ、組長や若頭も来て本家に寝泊まりするのだ。

全員が同じ部屋で寝ると言っていたから、業務的にはあまり意味がないことを考えると、おそらく組織の結束を固める意味合いがあるのだろう。合宿みたいなものだと推測する。

川口さんからは、早い段階でプライベートの撮影を拒まれている。そのため、生活を撮るなら本家当番を狙うしかない。

月に一度のチャンスなので、徹底的にマークし、付いて回ることにしよう。

本家での取材は朝の五時にスタートした。川口さんが毎朝その時間から走るということで、私たちも一緒に本家のまわりを走ることに。ジョギングというよりマラソン。結構なスピードだ。先回りして撮ろうとしても、なかなか追いつけない。中根カメラマンは「ランニング親分」というのはモノになるだろうかと首をかしげながら撮っていたが、何もないよりはいい。

飛田新地を歩く川口さん．飄々とした表情は変わらなかった

その後は本家に戻り筋トレ。刑務所時代からトレーニングは欠かしていないとのことだが、腕立て伏せに始まり、腹筋背筋ととんでもないペースで行なう。同じくらいの年齢の組員に比べて、ずっと若く見えるのは日頃の鍛錬のたまものなのか。それとも長年、塀の中にいたからなのか。誰か他の組員が言っていたが、刑務所にいると娑婆《しゃば》で過ごす時間の半分しか年を取らないらしい。

着替えているときに下腹に刺青も見えた。「メドゥーサ」の顔が彫ってある。和彫りが多い中で、蛇の頭髪で、見つめられると石になってしまうという、ギリシャ神話の怪物を選んだのはさすが川口さんというべきか。とっさに何か聞こうと思ったが、言葉が出てこなかった。メドゥーサの影響かもしれない。

夜の街へ

夜は、本家の近くを歩いて新世界へ。途中で遊郭・飛田新地《とびたしんち》を通りかかる。路上で倒れている男性に警察官が何やら話しかけている。焦って川口さんに聞くと、「死んでるか死んでへんか、確認してるとちゃうか」とのんびりした口調で返ってきた。警察官が生存確認をして回るなんて……そんな地域、名古屋にはない。そして、そのまま遊郭へ。流れでカメラは回ったままだ。どうするべきか……中根カメラマンと相談する間もない。川口さんは、そんな私たちにお構いなくずんずん歩いていく。とりあえず、そのままついていくしかない。しかし、「ちょんの間」と呼ばれるこの風俗エリアは相当にアンタッチャブルな存在のはず。テレビカメラが撮影したなんて話は聞いたことがない。何を考えているのだろうか。もしかしたらこれもサービス精神の現れなのか、と考えていると、店の外に立っている年配女性に早速見つかった。

すごい勢いで「撮ったらあかんやん！」

川口さんの表情は変わらない。

「撮れへん、撮れへん。安心してぇえ」と諭すように言うと、女性は黙った。

普段はこのあたりを通ることがないと言っていたから、彼がヤクザの親分であることは知らないはずだ。それでも何かただ者ではない雰囲気を感じ取ったのだろうか。すれ違う男たちも一瞬怪訝そうな顔はするが、声はかけてこない。不思議なオーラに包まれたような感覚。猥雑な飛田新地のメインストリートを大きなテレビカメラを構えた一行は、まるで透明な存在かのようにスーッと通り抜けた。

その後は新世界の大衆食堂へ。ここでは濃いキャラクターのおかあさんが川口さんを出迎えた。信じられないが、カメラOKだという。名古屋なら一〇〇〇パーセントNGだろう。

——川口さんがどんな人か知ってますか。恐くないんですか。

大衆食堂での川口さん．昔からの知り合いの前ではリラックスして笑顔を見せることもあった

女主人　なんで怖いの？　あんたそんなん恐かったら生きてられへんで、新世界で。何が恐いの、あんたおもろいこと言うなぁ。

川口　誰もかれも糞かすや、おかあさん、ハハハッ。

女主人　そやそや、ハハハッ。（監督へ）あんた声、小さいなぁ、飯食ってんか？　ハハハッ。

――店もヤクザと付き合いがあるといろいろ大変では？

女主人　何も大変なことあらへん。一般の人間のほうが払い悪いわ。ツケにして逃げよるし。一般の人間のほうが汚い。あんた恐いの？　おかあちゃんなんか、いっこも恐ないで。「元気してるか」って覗きにきてくれたり守ってくれる。警察がなに守ってくれるの？　なんか事件あって、警察署に電話しても誰も来いへんで。小遣い取りにきよるだけや。自分らは悪いことしとってヤクザは追放。おかしいやろ。なぁ、この新世界の街いうのはやっぱり極道が守ってくれたんや。そやから今はほんまに治安悪い。守ってくれる者おれへんがな。

そやからこの新世界の町が潰れてきてるねん、うん。なんかこう、今はやってる吸うやつ。
川口　脱法ハーブ？
女主人　ああ、そんなんいっぱいおるで。
川口　売ってるの？
女主人　この辺うようよしてるで。

ヤクザと一般人とのやりとり。撮れないと思っていた光景が思わぬタイミングで撮れた。大衆食堂のおかあさんは、歯に衣着せぬ言い方で親分だろうがバッサリ言ってしまう。川口さんもリラックスしていたように思う。酒の力もあるのかもしれない。

取材相手のことは本人からよりも、まわりの人の話から表現したほうが伝わりやすい。自分のことを話すときは、誰でも謙遜したり逆に誇張したりしがちだからだ。

大衆食堂での撮影では、ようやく川口さんの「素」の表情が少しだけだが垣間見えた。ヤクザの親分といっても普通の人間なのだということは、理屈抜きに伝わるだろう。

しかし、この「普通の側面」を見るたび、反射的に、自分の中でセンサーが鳴る。「アブナイ！　コレハ　ヤツラノ　ワナダ‼」と警告が発せられる。すると脳がハッと気づいて、「そうだ、この人たちは裏で違法行為をやっている悪人だ。普通の感覚があるなんて、一瞬たりとも考えてはいけない」と自分を「正しい」道に引き戻す。

この反射のような反応が取材を始めてからしばしば起こっている。でもそれでいいのだろう。放っておくと、どうしても同じ人間だものと、どんどん甘くなってくる。手心を加えたくなってしまう。こちらも人間だから。

自分が何かの境界線を越えて「あっち側」へ行ってしまいそうになるのを引き止めているのは彼らが法律違反をしているという事実だ。そこは変わらないし変えたくない。法律が唯一の、最後の一線。ここは重要だ。それがなければ、彼らはただの気のいいおじさんたちになってしまう。へたしたら、器用に生きられないがために、この社会からつまはじきにされているかわいそうな存在。さらに進んで、その不器用さ、脇の甘さに自分と似ているところを重ね、シンパシーすら感じてしまいかねない。それは危ない！

彼らが法を犯しているという明確な事実があって、助かった。「助かった」なんて変な言い方かもしれないが、これが本音だ。この一線がなければ、いい人と悪い人の区別がつけられなくなりそうだ。彼らが法を犯している限り、私たちは大手を振って彼らを悪い人だと言うことができる。最終的に、客観的に、叩くことが、そして否定することができる。

◉川口和秀とキャッツアイ事件

一九八五年九月、兵庫県尼崎市のスナック「キャッツアイ」で東組・清勇会の組員（当時四三）が抗争相手の山口組組員を襲撃。流れ弾にアルバイト従業員の堀江まやさん（当時一九）が当たり死亡した。

事件から一年半後に実行犯の組員が逮捕。「会長の指示があった」との供述をもとに、警察は四年後の一九八九年に清勇会・川口和秀会長（当時三五）を殺人と殺人未遂の容疑で逮捕した。

　川口は取り調べから一貫して無罪を主張。物的証拠がなく、唯一の証拠は組員の自白のみという裁判は、一審判決までに七年（五五回の公判）を要した。

　一九九六年、神戸地裁は、「被告の関与を認めた組員の証言には高い信憑性がある」として懲役一五年を言い渡す。弁護側は控訴、上告したが、二〇〇一年一二月に上告が棄却され、一審の判決が確定した。

20代の頃の川口さん．不摂生な生活を続けていたので，刑務所に入っていなかったら今頃とっくに死んでいたと本人談

　一九九一年に暴力団対策法（暴対法）が制定されるきっかけとなった事件ともいわれる。

川口は一五年の刑期に係争期間（未決勾留期間）を合わせた二二年の獄中生活を送り、二〇一〇年一二月に出所。

「愛される」キャラクター

　川口さんの取材は、まだ難航している。何度かトライしているのだが、依然キャラクターが見えてこない。主役のキャラクターは大事だ。これまで見た素晴らしいドキュメンタリーは、主役が例外なく「愛すべき人間」だったような気がする。それらには、ある意味で脇の甘さ、無防備さがあった。人はありのままの人を好きになる。どんな素晴らしい行ないをしている人物でも隙がなくては愛されない、そう思うのだ。

その意味では、川口さんはどうもその無防備の部分、言い換えれば素の部分が見えてこない。いや、素なのかもしれないが、独特の役者のような雰囲気も手伝い、なんだかきっちり決まったお芝居のセリフを言っているように見えてしまうのだ。

このままでは、魅力的な主役として描けない。困ったなあ……といっても、こっちが勝手に主役に仕立て上げようとしているだけなのだが。

こう書いていると、もうこれまで何十回も頭に浮かんできた大きなハテナが再び浮かんでくる。……そもそも大前提として、今回のテーマで愛すべきキャラクターは必要なのか。逆に、見ている人にヤクザを好きにさせてしまったら、偏っていることになってしまわないだろうか。作品上必要な最低限の「愛すべき」ラインはどこか……いつも結局ここで堂々めぐりになってしまうのだ。一方で、必ず入れないといけない別の要素があることも分かっている。それは「ヤクザ社会とはどういうものか」ということだ。

まずはここをしっかり見せないと。なにせ、ほとんどの人が知らない世界だ。ここを飛ばしてヤクザの人間ドラマばかりを見せてしまったら、単なる任侠モノになってしまう。

親分の人間性を描くことは二の次、ということにしておこう。まずは、そもそも……を忘れないように。私たちは新しい惑星を取材しに来ているのだ。その惑星の住人同士のドラマより先に、惑星のルールや住人の基本的な生態を描き出さなくてはならない。

河野事務局長

事務所で事務局長の河野さんと雑談。河野さんは、組の中で一番話しやすい人だ。話しやすいヤクザというのも不思議だが、気さくな人であるのは間違いない。最初は警戒していたが、一ヵ月一緒にいてみて、裏表がない人だということが分かった。むしろよく喋りすぎて話を終わらせるのに苦労することがあるくらい。この人がヤクザでなかったら友達になれるのになぁと思ってしまう。他の組員に聞きづらいことは、全部、河野さんに聞くことにしよう。

――ヤクザは遊び人なんですか。

河野　遊び人じゃないですかねぇ。楽しててええなぁみたいに思われなくちゃいかんでしょ。そういうイメージやんか、世間の人から見たら。楽して女連れてええ車乗って、ええなぁみたいな、そういう憧れるヤクザにならなあかんちゃいますか。格好ええなぁみたいな。

――イメージを守っているということ？

河野　でなかったらあかんでしょ。世間のイメージがそうなんやからねぇ。

――実際は苦しい？

河野　そんなんは言われへんでしょ、ハハハッ。まあ実際苦しいのはありますよ。やっぱり懲役行ったりしたら、家族ほっていかないかんし。そりゃ、つらいもんありますよ。

――休みの日は何しているんですか。

河野　極力、家に居るようにしてますね。お金使わんように。何してるって、ゲームやったりしてま

河野さんはヤクザになる前はペンキ職人をしていた．祭りと子どもの話になると満面に笑みを浮かべた

すよ、自分ら。時間かけて、テレビ見たり……極力。外出たらパチンコとか行ってしまうじゃないですか。一万、二万円すぐですやんか。それだけ稼ごうと思ったら大変なことやし。

――意外と地味ですね。

河野　地味ですよ。そやけどそれをせんことには絶対マイナスになりますもん。外ばっかり出てたらね。しんどいですよ、ヤクザも今は。そりゃ一日一〇万も二〇万も儲かったらええけどね、ハハハッ。

――儲からない？

河野　儲からないです。だって仕事したとしてもね、仕事しにいったとしてもね、一日一万五、六千円じゃないですか。

こっちから仕事くれ仕事くれって、ヤクザ者が、ハハハッ、そんなこと言えへんでしょ。

――ヤクザやっていて何が一番きつい？

河野　そりゃ懲役が一番きついちゃいますか、家族と離れるしね。つらいですやんか、やっぱり。

（ケータイ画面の小さな女の子の写真を見せる）

――誰ですか？

河野　娘。やっぱり娘が一番かわいいね。この頃に戻って欲しいわぁ。お風呂に入りたいわ、一緒に。いま入られへんよ、そんなの。入って言ったら、どつかれるわ。彼氏おれへん。できへん思うで、お父さんヤクザやったら、ハハハハッ、ちょっと根性いる思うで。よそいったら、あああのヒロユキさんの娘さんけって。絶対に虫つけへん。でも彼氏はできへんわ。

仕事を欲しがってはいけないというのは、ヤクザの美学なのだろうか。なんだか一見優雅に見える白鳥が水面下で足をバタバタさせている、そんなイメージを持ってしまった。白鳥というよりは黒鳥なのか……いずれにせよ楽して金が儲かるという世間のヤクザ像を保っておきたいという、彼らなりの不思議な努力があることが分かった。

彼は、年齢的にも生き方としても典型的なヤクザの一人のように思える。あけっぴろげに話してくれるので、メインの一人として取材することになりそうだ。

本来は若頭の大野さんがその恐ろしいたたずまいから、「Ｔｈｅヤクザ」を見せるための対象として適任なのだが、なかなか事務所に来ないのと、カメラを極端に嫌がっているという難点がある。かといって会長の川口さんとナオト君だけでは、極端な人たちを追いかけたことになってしまうので、典型的ヤクザとして河野さんの取材を増やしていこう。年頃の娘がいることも分かったし、お父さんのことをどう思っているのだろうか、いずれ家にも取材に行きたい。ハードルは高そうだけど。

墓掃除

午前中は河野さんの墓掃除に同行。墓掃除といっても個人のではなく東組の墓だ。

事務局長というのは、儀式全般の担当で、墓の管理も任されているらしい。墓は月ごとに各二次団体が交代で掃除する決まりになっていて、清勇会の掃除は河野さんが仕切っている。元ペンキ職人で細かい作業が得意という職人気質が、事務局長の仕事にあっているようだ。せっかくなので墓までの道中もカメラを回し、話を聞く。

――逮捕歴は？

河野　自分、はい、二回捕まって。覚せい剤使用です。懲役、一年半ぐらいいくんとちゃいまっか。自分は初めてで、執行猶予三年ですね。

――覚せい剤は癖になる？

河野　癖になるいうか、起きてる作用ありますやんか、寝んでもいけますわね、少々の無理きくっていうんかね、カラダ的に。

――どれくらいの値段？

河野　末端やったら〇・二グラムで一万円ぐらいちゃいますかね。注射器でいって初めてやったら、結構三回四回ぐらいは使えるんちゃいますか。西成なんかだと道で売ってるでしょ。今でも売ってますよ西成だったら。そのかわり、そこには警察もいてますけどね。常時張って。昔は売ってるやつしか捕まれへんかったけど、今は買いにいくやつもパクられますからねぇ。

組の墓は堺市からはずいぶん離れた奈良県にあった。この霊園と東組との関係はよく分からないが、実に立派な墓だ。河野さんによると、この墓には本家の直参が眠っているという。

――幹部のお墓？

河野　そうやね本家の直参のお墓やね。清勇会の墓はないです。欲しいと思ってますけどね。やっぱりこれから先、身寄りのない人とかいてますもんね。家族がおっても引き取ってくれへん場合ありますやろ。……嫌がる家族もいてるんちゃいますか、ヤクザしとったら。関わりたないみたいな、ハハハッ。厳しいです。死んだら何もないんやけどねぇ、ハハッ。歳いって一人っていう人多いですよ。最後まで面倒見てくれるのはやっぱり組員やね、同じ組の人間ちゃいますか。

ヤクザと家族の微妙な関係が垣間見える話だった。親族が引き取りを嫌がるなんてこともあるのか。もし自分がそうだったらと思うとやり切れなくなる。一度ヤクザになるということは、多くのことを失うことなのだ。夕暮れ時ということも相まってか、なんだか寂しいような侘しいような気分になった。

シノギの実際

そのあとは、お好み焼き屋へ。何の気なしにカメラを回していると、河野さんに電話がかかってきた。

よく聞こえないが、着いたら下でクラクションを鳴らすと言っている。のんびりとしているが、墓掃除のときとは明らかに目が違う。

これはシノギだ。思わぬタイミングでその現場に立ち会うことになり、緊張感が走る。

変なことを聞くと断られかねない。ここは、何も知らないふりをして同行させてもらおう。中根カメラマンには瞬間を逃さないよう伝え、のらりくらりと会話をつづけ河野さんの車へ。こちらが気づいているいることが分かっているのか、分かっていないのか、いつもと変わらない態度だ。

河野さんは人気のないアパートの脇で車を停めた。

「ちょっと待ってくださいね」と車のトランクを開けて何かゴソゴソすると、建物の方へと向かっていく。間違いなくシノギだ。中年の男と何か話しているが、肉眼では暗くてよく見えない。カメラでどこまで撮れているだろう。何かを手渡して、戻ってきた。

――クスリ……ですか。

河野　ご想像にお任せします。

――なぜヤクザは悪いことをする?

河野　ぼくらは悪いことしてるとは思いませんけどねぇ。押し売りしたわけでもないし。その子がどうしても欲しいって言うんやから、それで提供するだけでね。

――法律を守る気はない?

河野　生活がありますやんか、守りたいですよ、そりゃ極力守れるもんなら。けど生活かかってるから、どないしてでも飯食ってかないかんから。やめたくてもやめられへん部分も正直言ってありますわね。やっぱ自分も刑務所は嫌ですから。早くやめれるように、そういう商売せんでもええようにやっていきたいです。

一番撮りにくいと思っていたシーンを、ギリギリのところでカメラに収めることができたような気がする。この映像がドキュメンタリーに最終的に盛り込めるか。使うという判断ができるかどうかは分からないが、少なくとも撮らせてはくれた。

あとは、こちらが使うか使わないか。使うとしたら、どう使うか。考えてみると、いつからか、撮れたぞラッキーという一線を越え、撮れたけどどうするコレ……？という状態になってきている。しかし、まだこの時期は集められるだけピースを集めるとしよう。パズル全体を見渡すのはもっと後でいい。

河野さんの自宅

河野さんは堺市郊外の賃貸アパートに住んでいる。ワンルームの小さな部屋。ギリギリの生活というのは嘘ではなさそうだ。洗濯物を自分で取り込んでいる。彼のことを別の名字で呼んでいる組員もいたので、どうもバツイチではないかと思っていたが、やはりそうだった。部屋は小ぎれいで、棚には小さな子どもの写真が飾ってある。以前、組事務所で見せてくれた娘だろうか。

——今は一人暮らしですか。

きれいに掃除された河野さんの自宅．想像に反して整理整頓が得意なヤクザが多かった．若いうちに受けた教育のためだろうか

河野　はい。籍入れてるとやっぱ迷惑かかるでしょ。どうしても嫁さんらに。近所の手前もありますし、今度捕まったら刑務所いかないけませんやんか。そんなのやっぱりつらいんでしょうね、嫁さんがね。

籍入れてたら生活保護止められたり、あんた旦那さんいてるやんかってなったら具合悪いですやん。それを邪魔したら、やっぱかわいそうやからね。たまに子どもとは会うたりしますけど。

――生活保護は受けられない？

河野　自分ですか？　ヤクザしとったら生活保護貰われへんからね。それで何人も捕まってますもんね。

河野さんは昔のアルバムも持っていた。話の流れで幼少時代のことを聞く。

河野　いやぁ貧乏しましたよ。七人兄弟の一番上やし。父さん死んだとき借金もようけあったしね。五〇〇万ぐらい、サラ金で。中学卒業してすぐ仕事して。高校なんか行けるって思ってなかったですからね、自分ら。そんな余裕なかったですもん。勉強するとかそんなんもう二の次ですよ。

——生活は大変だった？

河野　スキヤキいうても自分ら肉、食べたことないですよ。運動会に行ったら家族がみな来て弁当食べますやんか。おかんなんか来てくれたことなかったすよ。他人の家のところに入り込んで飯食ってましたよ、ハハハハハッ。

——お母さんは何を？

河野　水商売やってました。スナックとか勤めにいって。夜いてないじゃないですか、家に。だから子守りして俺が。その時にサラ金とかの取り立ても来たしね、あんなのヤクザが来ますやんか。つかみ合いですよ、ドーンと玄関蹴られるし。電気は止まってるし。だからヤクザにごっつ蹴られたですよ、ハハハハハッ。

ほなね「兄ちゃん何ぼ稼ぐんや」って言われて、「いやぁ二五万ぐらいかな」って。「それでも返していきたい思うけど」って言うたら、「兄ちゃんの稼ぎじゃ一生かかっても無理や」って言われてね。その時は、もうごっつ絶望的になったですよ。なんていうんかねぇ、死神がつくみたいな感じになるというか。ああこれから先、なんぼ働いても借金なくなれへんのかなぁって思いますやんか、真面目やから。その時まだ若いから。ほんならね、背筋がさーっと血の気引くんすよ。ああこうやってみな自殺とか考えるんやと思ったね。

——塗装の仕事やっててなんでヤクザに？

河野　いや仕事してもお金くれへんかったり、得意先がお金持って逃げたり。そんなんで、ぐちゃぐちゃになってきて。気い付いたらヤクザになってましたけどね。一銭もない自分をアニキらが助けてくれましたからね。飯食わしてもろうて、風呂連れていってもろうて、衣食住ずっと二年ぐらい助けてもらいましたよ。そんなんやってくれへんすよ、普通。たまたま手差し伸べてくれた人がヤクザやったいうだけです。

――ヤクザになるのに抵抗なかった？

河野　全然ないですよ、そんなの全然。他人なんて褒めてくれたりせえへんじゃないですか、助けてくれもせえへんし。世の中っていうのはね。言うことは言われるけど、実際助けてくれないじゃないですか。誰か、助けてくれます？

河野組員は、その後、駐車場内で自損事故を起こし、その保険の支払いに関連して損保会社とトラブルになった。結局、河野組員は詐欺未遂容疑で警察に逮捕され、その直後に、清勇会に家宅捜索が入った。そして、私たちは組事務所の中で、ヤクザへの警察捜査の一部始終を見ることになった。

部屋住み

ヤクザ社会のヒエラルキーの最下層に位置するのが部屋住みだ。まだシノギには手を染めず、見習いのような形で組事務所に寝泊まりしている。組事務所の雑用を全部やるかわりに、衣食住の面倒を組にみてもらっている。他の職業でたとえると難しいのだが、昔でいえば書生みたいな立場なのだろうか。

それでもお手伝いさんのようによそ者扱いはされておらず、下っ端ながらヤクザ社会の一員としてカウントされている。その証拠に毎月のお小遣いまで出る。

日中はおもに組事務所にいて掃除や昼食の手配、たまにお使いを頼まれて外出することもあるが、タバコを買いにいったりする程度で遠くまで行くことはないようだ。夕方になり責任者が帰ったあとは電話番を務める。一応夜間対応の役割なのだろうが、夜に事務所を訪ねてくる人はほとんどいないし、携帯電話全盛の時代で電話もほとんどかかってこない。彼らも一八時以降は事務所の電話を転送モードにして、三階の和室に上がりテレビを見たり読書をしたりと、比較的自由に過ごしている。

清勇会には二人の部屋住みがいる。年配のほうは金城さん。ヤクザらしいパンチパーマだ。若者は、ナオト君。二一歳のメガネ君で、顔つきは、どう見てもヤクザらしくない。朝の挨拶以外ほとんど喋ることのない謎の青年。夕食の準備をしているタイミングを見計らって話しかける。

――　あなたはご飯担当？

ナオト　いや担当じゃないです。はい。食べることは多いです、はい。ええええ。……ああ料理も教えてもらって一緒に、ええ。やってます。まぁ何でも勉強して、やってるとこですね。言うたら穀つぶしみたいな感じなんで、ええええ。

――　ここは長いの？

ナオト　まぁ八カ月過ぎたあたりですね。

――　おかずは食べないの？

ナオト　いやぁ、なんちゅうか。ようさん食べすぎると幸せになってまうじゃないすか、そういうふうになるなら……まぁ食べんほうが。

――幸せにならないようにとは？

ナオト　あんまりあの、そのこれからもまだ夜にね、人が来たりして、あの、来たりするんでね、食べすぎるとちょっとしんどいんでね、幸せになるのが嫌やいうんやないですけど、はい……。

金城　（金城さんに）二人で生活するというのはどういう感覚？

まぁそうですね。まぁ兄弟みたいなもんっていうんですかね、ナオト君は無口なほうなんでね、わしはよう喋りますけど。

ナオト　はっきり言って仲はあまりよくないんで、仲はよくないんです、ええ。はい。

――え、仲よくない？

ナオト　ええ。ケンカしたことも何回もありますんで、ええ。

なんだか変わっている。同じ単語を何度も繰り返したり、ちょっとだけ表現を換えて言い直したり。やたらと「ええ」が多い。さらに話していることがよく分からない。いや、分からないのではなく難しいのか。「殺つぶし」なんていう単語を日常会話で使う若者は初めてだ。先輩を目の前にして「仲がよくない」と平気で言ってしまうところも普通じゃない。なぜ、彼がヤクザの組事務所にいるのか不思議でしょうがない。一つ言えるのは、彼がいわゆるワルの部類ではないということ。新種のはぐれ者なのだろうか。

まわりに人がいるとまったくこちらと目を合わさない。一人で洗濯物を干しているところを狙って再び話しかかると、押し入れから作家の宮崎学の本(『突破者―戦後史の陰を駆け抜けた五〇年』新潮文庫)を持ってきた。

ナオト　まぁ個人的に宮崎学、この人のファンでして。本もあのようさん、買って読んどるんです。

――なんでこれを?

ナオト　いやまぁ、それなりにこの人が社会の真理みたいなもんを、まぁ知っとる人なんじゃないかと思いまして。それで買って読んどるわけです。ええ。やっぱり本に書いてあることが、ここにおってそういうふうな経験をしてみてその、腑に落ちるいうんですかね。ええ、そういうのありますわ、ようさんありますね、今。ええ、ええ。まぁそんなこともまぁ、今の状況では、猿知恵やと思うんですけどね。ええ。

――なぜその本を読もうと思った?

ナオト　まぁあの、その血が本好き、血が本好きでね、ええ。そのまぁ宮崎学さんなんかは本の中で、まぁいうたら今閉塞状況にあると、今の日本は。閉塞状況ということで、はい。ええ。

――ヤクザの世界は?　今閉塞感がある?

ナオト　ああまぁ僕は関係ないんであんまりよく分からないんですけどね。その、法律が出てきて締め付けが厳しくなって、その経済活動いうのがうまいことといかへんと。いうことであの、その閉塞感いうのがあるんじゃないですか。生活苦から抜ける人も多いいうのも聞きましたわ。ええ、ええ。

――ナオト君は抜ける気ない？

ナオト　はい、自分は抜ける気ないですね、ええ。

――どうして？

ナオト　いやまぁここ出ていって、どこも行くとこないですからね。そやから自分なりに頑張っとるわけです。

「猿知恵」「血が本好き」。こんな表現どこで覚えたんだろう。さらに「ここを出たら行く場所がない」と言っていた。ヤクザの事務所なんて最後に行く場所のような気がするが……この世界は彼にとってどんな場所なのだろう。

昼過ぎ、ナオト君は三階で洗濯。もう一人の部屋住みの金城さんとナオト君のオヤジ格である大石さん（六五歳）とで何やら相談の真っ最中。

大石　ナオト……アイツ自信がないんかな？

金城　それは、たぶんあると思いますね。もうちょっと買い物もしっかりせなあかんですわ。これ買うてこいって言われていっても、ビールの銘柄が違うとか、わざとやってるわけじゃなさそうですけど。間違えたら間違えたで「すんません、間違えてもうたんです」って言えばいいのに、そのまま持ってくるから。

大石　天然かな？
金城　ちょっと判断つかないですね。パッと言われると頭が真っ白になってまうんですかねぇ。
大石　分からんなあ。
金城　とにかく何でも紙に書けって言ってますけど、そういうのもまだ……。分かりもしないのにハイって返事したら逆にバカにしてるのかってなるから、分からなかったらそれでちゃんと分からんですって、そういう返事も必要と言ってまんのやけども。

若手の不可解な言動について思案をめぐらせる先輩たち。ヤクザの社会も新人教育は大変なのだ。どこの会社にでもありそうな人間模様になんだか微笑ましくなる。しかし、あきれてはいるもののどうやらつまはじきにするつもりはなさそうだ。一般の社会ならとっくにお払い箱なのかもしれない。そのあたりは寛容というのか……。

いろいろ考えていると、夕方、責任者が帰ったあと、今度はナオト君から話しかけてきた。

ナオト　……あの、しょうもないことだと思ったら答えてもらわんでいいんですけどね。あの、みなさんタクシーとかよう使われてますけど、福利厚生みたいなもんは、あの充実しとるんですか。
――　僕たちの会社が？
ナオト　ええええ。
――　領収書は出るよ。

ナオト　ああ、ああ、そうなんですか。

――どうして？

ナオト　いやちょっと気になったんで。

――なんで？

ナオト　いや別に。自分でもそのメモ用紙なくなったら買うたりするんで、ええ。

――領収書で落ちるの？

ナオト　ああまぁ、払うてくれます。

――福利厚生はヤクザにもある？

ナオト　いやいやヤクザは福利厚生みたいなものはないです。えええええ……。あの……あと放送はいつに？

――いやまだ決まってないよ。

ナオト　まだですか……何時に放送？

――いやぁ、今の段階ではまったく分からない。

ナオト　あぁそんなのも分からない……。

――ドキュメンタリーだから深夜か土曜日とかじゃないかな。どうして？

ナオト　いやいや気になったんでね。

――楽しみ？

ナオト　いやいやべつに楽しみじゃないですけど。

——誰かに連絡する？

ナオト　しませんよ、そんなの。……いえ、そんなのいいです。闇の、闇のあの、人間なんで、はい。ええ。……ちょっとしゃべりだすとようしゃべるほうなんで僕。あんまりあの、口を慎め言われとるんですよ。ええ。そやからもう言うの止めときますわ。

このドキュメンタリーが「典型的なヤクザを描く」というテーマである限り、彼は決して主役に抜擢されることはないだろう。それでも、目が離せない。なんとか彼を通じて今のヤクザや日本社会を描く方法はないだろうか。

ナオト君の経緯

ナオト君の過去。まず、ヤクザになった経緯だが、若頭によると一九歳のとき、大阪の東組本家を訪ねてきた。組事務所のドアをノックして「ヤクザにしてください」と言ってきて、組員たちは度肝を抜かれたそうだ。最初は冗談だと思って追い返そうとしたが、どうやら本気だということが分かり、「成人したらまたおいで」と返した。しかし、翌年再び訪ねてきたので、正式に受け入れを決めたという。

それ以前は、神戸の実家で親と暮らしていた。親との関係も悪くはなかったようだ。家庭環境に問題があってヤクザになることが多いという中ではレアケースだ。そして、これも若頭の話だが、学校ではいじめられていたようだ。中学二年生の頃から引きこもりの状態になり、高校にはほとんど行っていないらしい。

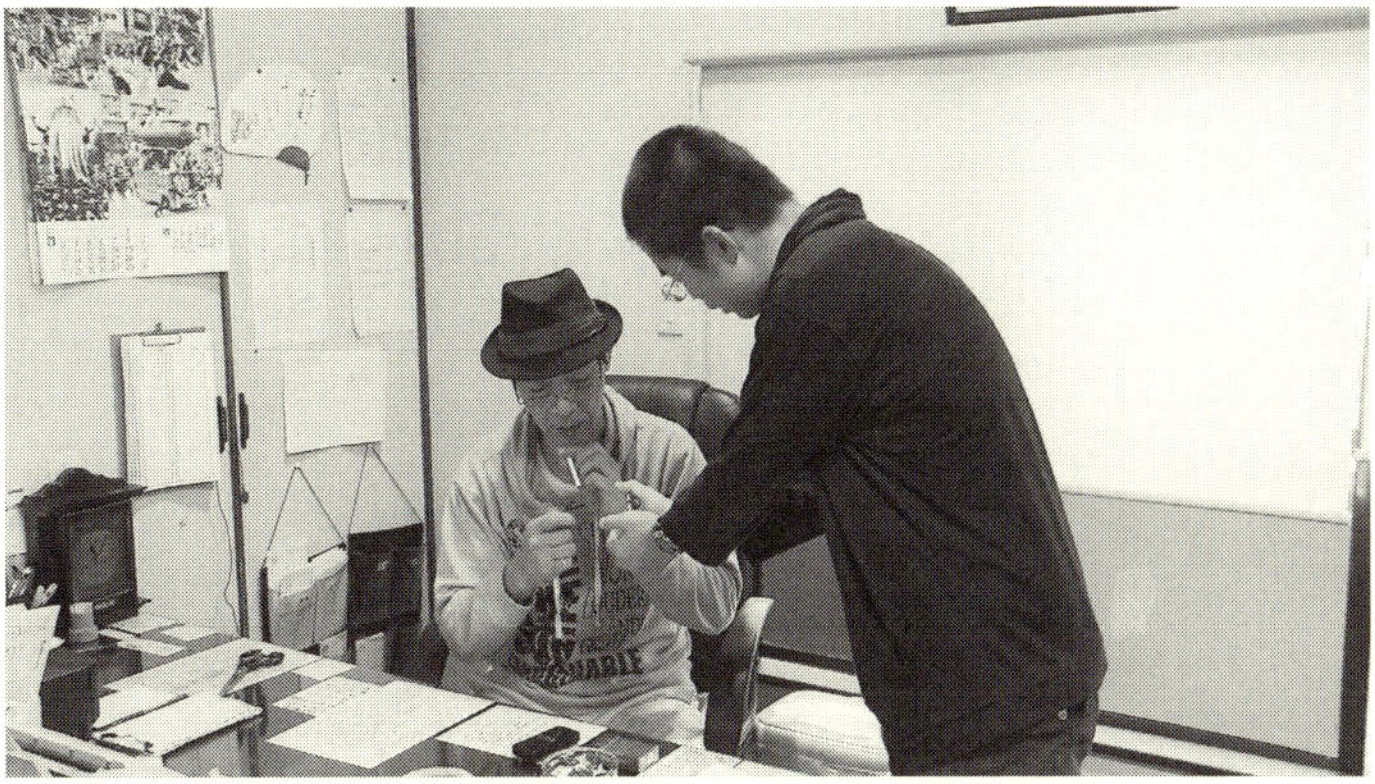

オヤジと慕う大石さんのタバコに火をつけるナオト君．大石さんはヤクザにしてはめずらしく「ほめて伸ばす」タイプ

元引きこもりがヤクザになるなんて、まるでマンガみたいな話だ。取材前には想像もしていなかった。ただ、この話も人づてに聞いているだけなので、どこまで本当かは分からない。一度本人に直接聞いてみないと。

しかし、清勇会もよく彼のような人間を受け入れたものだ。どう考えても抗争で役に立つようには思えない。迫力の「は」の字もない。かえってなめられそうな気さえする。人材不足のヤクザ界に、自ら飛び込んできた若者を追い返すわけにはいかないということなのだろうか。せめて事務所の雑用くらいはやってくれるだろうと入れてみたが、ビックリしているというのが本音かもしれない。

彼は、そんなまわりの目をよそに、今日も大真面目に一人前のヤクザになるべく「道」を模索している。なんだかんだいって、もうここにきて半年以上になるのだから大したものだ。小遣い二万円で、ずっと組事務所で雑用の毎日なんて自分にはとても務まらない。共同生活の寮みたいなものなので息抜きもできないなんて、考えただけで絶望的に思えるが……。

夕方、責任者が帰ったあと、見ていると、事務所のソファに座り、ライターをつける練習をしている。おそらくヤクザの仕事の基本なのだろう。ナオト君は、まるで熟練したガンマンが早撃ちの練習を怠らないように、暇さえあればポケットからサッと取りだすモーションを繰り返し確認している。この「大嫌煙時代」に、まだヤクザの世界ではいつでもどこでもタバコOK。ヘビースモーカーが山ほどいる。そのため後輩は、先輩がタバコを出すたびにポケットからライターを取りだし、シュパッと火をつけないといけない。この「シュパッ」にもまたコツがあるようで、少しでもライターを出すタイミングが遅れると、先輩が自分で火をつけてしまう。ナオト君はカンが悪いのか、どうしても上手に火をつけられない。

先輩がポケットに手を入れた瞬間に、こちらもちょっとした緊張感を共有する羽目になった。

掃除にしろ、ライターにしろ、あまりにも真剣にやっているので、このあいだ面白半分にその理由を聞いてみら、「ヤクザの基本はショサにある」と返ってきた。ショサ＝所作のようだ。あまり耳なじみのない単語で、ヤクザの業界用語なのかは分からないが、他の組員の口からほとんど出てこないのをみると、彼だけが好んで使っているのかもしれない。

とにかく、「所作を覚えないとヤクザとしてはやっていけないと思います。ええ」と何度も言う。

その、所作以外にも、彼には独特の世界観があるようだ。普段は決して語彙力のあるように見えないが、まわりに組員がいなくなると、いきなり難しいことを言い始める。作家の宮崎学のファンだというので、本をめくってみると文中に彼の普段使うフレーズが書かれていた。どうりで自分の言葉のように聞こえないわけだ。

ナオト　宮崎学さんなんかは、今はニクカン性というのがないんだとね。あのその最近もありましたけど、病気で小学生を殺してみたりとかね、そういう人たちというのはそのニクカンがないんだと、宮崎さんなんかは言っておられるんですけどね。ええ、ええ。まぁその通りだと思いますね。

——　肉眼？

ナオト　いやいや肉感性です。肉感性。血肉を感じる、肉感性。ええ。えええ。宮崎学さんが言うのには、「わしらはぶつかっていって殴られて、痛いということが分かる」と、あの、「失敗してくそっと思ったりとか、それが普通の生き方だった」と。そやけど今の人はそういうふうには思われへんなと書かれてますね。そういう意味では、まぁあのよかったんじゃないかと思ってますけど。ぶつかっていって殴られて初めて分かるというような。ええ。

——　今の生活は楽しい？

ナオト　まぁ楽しいことはないですね。はい。でもまぁ一つでも覚えたりなんかしたら、充実感みたいなものがないわけではないんで。まわりの人から見れば、部屋住みとしてできていないと思われるとは思うんですけどね。まぁそれでも生きておるというような実感はしますね。はい。

——　家にいたときと今はどっちが楽しい？

ナオト　今ですね。ええ。

——　プライベートはあるの？

ナオト　はい……ああプライベートはあまりないです。

――土日とかは？

ナオト　ああ別にそんな休みとかはないですねヤクザは、ヤクザはハイ。

――まだ二十《はたち》なのに外で遊んだりとか息抜きの時間もない？

ナオト　いえ、ないわけじゃないけど、あまり友達とかおれへんので、はい。……はい。ええ別に気にならんですけど。

――どんな子どもだった？

ナオト　んー……、いやまぁ、中学三年のときには親が離婚しまして、はい。まぁあの、それであのー、母親に育てられたいう話ですけど、まぁどこにでもある話ですけどね。

――どういう学校生活を送っていた？

ナオト　あーいや友達いなかったんでね、……いや別に一人でしたけど。ええ。……交流？　いやなかったですねぇ。はい。ええ。あんまりその友達と言えるのもおらへんかったので、ええ。まぁ、からかいの対象になってたとこもあったんでね、ええ。

――いじめを受けてた？

ナオト　いやいや別にいじめとまではいかんですけど。もめたいうようなとこ、ありますね。ええ。何で？　まぁええあの、傘で顔を、そいつがどついてきましてね、それがあのー、傘で顔を、あのーどついてきまして。ええ。……それで（学校を）辞めましたね。

――それは友達に？

ナオト　いや友達ちゃいます。
――クラスメートに叩かれた？
ナオト　はい。
――怪我も？
ナオト　はい。
――それはいじめのレベルでは？
ナオト　いやいや、いじめじゃないです。からかわれまして。
――それで学校を辞めた？
ナオト　ええそうです。
――辞めたあとは？
ナオト　まあ家にいましたけど、はい。
――家にずっといる状態？
ナオト　はい、ええ……。
――家で何してた？
ナオト　いや別にそう何もしてないですよ。
――自分の部屋に？
ナオト　はい。
――その時は何を考えてた？

事務所で年を越したナオト君と大石さん．かまぼこをツマミに酒を酌み交わしていた．正月でも帰るところがないヤクザは大勢いる

ナオト　いやまぁ、その時は人に対する憎しみが、まぁ憎しみで自分を生かしてましたけどね、ええ。

――何に対する憎しみ？

ナオト　まぁ人間に対する憎しみですけどね。怨念というか、それを通り越した憎しみというのがありましたね、はい。

――ヤクザになったのはどうして？

ナオト　食うていくためです。……それで来ました。

――食べていくためなら、他にも手段がいっぱいある気がするが？

ナオト　仕事が見つからんのです。仕事、あの西成の人夫も行きましたが、お前はいらんというようなことで。

――それで、いきなり本家のドアをノックした？

ナオト　はい、そうです。

――恐くなかった？

ナオト　いえいえ恐くなかったですね。

――その後、正式にヤクザになることを許された？

ナオト　はい。いやあの、まぁ、無碍《むげ》にはできへんやろということで、はい、まぁ、そういうふうには言われてましたけど、はい。

――ヤクザになることは親に相談した？

ナオト　いやしてないです。こういう世界に入ったということで相手にされてないんでね。はい。

――縁を切ったということ？

ナオト　いやいや、もう相手にされてないんで。はい。

――休みは家に帰らない？

ナオト　ああ帰らないですね。

――お盆も正月も？

ナオト　はい。

――それで寂しくない？

ナオト　いやあ別に寂しないです。

――自分の中でヤクザ社会でやっていける自信はある？

ナオト　ええ、ええあります、あると思います。あのー「ヤクザもいる明るい社会」というのを僕は作っていけばいいと思うんですけどね、はい。違う者がいて当たり前と、それがまともな社会じゃないかと。荒っぽい人間は気にくわへんから、あのー、飯食えんようにしたれと。どついて殺してしまえと、そういうふうな考え方が気にくわへんのですよ。向こうも気に食わないと思ってるが、こっちも気に食わないと思ってると。それでいいんじゃないのかと思いますけどね、はい。金城さんなんかとはまぁ、僕なんかはあの性格がまぁ違うわけなんですけどね。こないだも一緒に買い物に行ったんですけど、何を買うかで揉めまして。向こうは僕の選択に納得いかへんかったようで。ええ。まぁあの、今の世の中の考え方でいうと、お前気にくわへんねんというので終わってしまうと思うんですけどね。まぁ僕は、違う者がいて当たり前やというのがまともな考え方やと思いますね。違う者もいて当たり前やと、はい。ええ、はい……。

——僕らの放送に期待してることは？

ナオト　いえ、とくにないですけど……。何事にも原因と結果があるわけで。はい、なぜヤクザになるのか、なんでヤクザが今の状況なのか。原因と結果。そんなんを踏まえた番組にしてくれたらうれしいですね……ええ、ええ。

ナオト君の選択

二時間半以上のインタビュー。その一部を載せた。若頭の言った通り、学校でいじめられていたようだ。本人はあくまでもからかいの対象という言い方をして、いじめとは認めなかったが、友達ではないクラスメートに傘でどつかれたりしていた。そして、金城さんとの仲を引き合いに出して語った「違う者がいて当たり前やというまともな社会」というくだり。言葉自体は宮崎学の小説からもってきているんだろうが、おそらく彼自身の体験から来ているからだろう、単に本から借りてきた言葉とは思えない重みがあった。考え方が違う者同士が共存し合う、これは「多様性」の話だ。

しかし自宅にいた頃より今のほうが生きている実感があると答える感覚は、私たちには到底理解ができない。誰とも接触せず、部屋に引きこもっているよりもましということか。付き合いたくない人とは顔を合わさずにすむ、簡単に関係を断絶できる状態というのは、今の世の中全体が向かいつつある方向と同じだろう。見たくないものは、「臭いものに蓋」とその存在すら消してしまう。なかったことにする、される世界。

ナオト君は、学校ではまわりの生徒たちに蓋をされ、家では家族に蓋をした。いじめも引きこもりも、自分が見たくないものを排除しようとする点で根は同じなのかもしれない。そして、社会から追いやられようとしているヤクザは、その「臭いもの」の代表格ともいえる。

彼らを暴力団と呼び、絶対的な悪として社会から抹殺しようとする。目指すのは清潔な社会。一切の雑音を排除して、自分を傷つけるものを見なくてもすむ一見幸せな世界だ。

それは、寒さや暑さとも無縁で、鬱陶しい親や世間体、嫌いな友達とも関わらずにすむ引きこもりと同じ理想の環境ともいえるだろう。

ナオト君はその清潔な空間から出て、「面倒くさい世界」に飛び込んできた。いやでも他人との関わり合いを求められるガラパゴス的な社会。礼儀にうるさく、人間関係を異常なまでに重視する、鬱陶しくて暑くるしい共同体。彼は、そちらを選んだ。もしかしたらナオト君は、ヤクザ組織という存在と自分を、どこか重ね合わせているのではないだろうか。「ヤクザもいる明るい社会」、悪くはないのかも。

取材に入る前、ヤクザに語らせることはしたくない、語らせたとしてもドキュメンタリーでは使わないと決めていた。弁解がましく映るからだ。今でも基本的な考え方は変わっていない。でも、もしかしたら、彼は作中で唯一語ることが許されるヤクザなのかもしれない。それだけ、彼の言葉には聞かせる何かがある。心のどこかを衝いてくる。それは何か。私の中に、わずかだがまだ残っている世間への拒絶感が呼び覚まされるからなのか。誰もが正しいとする常識への疑いなのか。もっと根源的で衝動的な部分なのか。決して口には出せないが自分の中に確信的に存在する「本当のこと」なのか。

いずれにせよ、その「本当のこと」を消すべきだと私は教わってきたし、ほぼ取り除くことに成功しつつある。しかし、彼はそれとあえて向き合い、乗り越えようとしている。いや、乗り越えようとしているのとは違う。敗北や屈辱を味わいながら、むしろその地べたを這いずるような状態こそが生きている証《あかし》だと感じているのだ。

彼は異常か。一般的に見れば「おかしな奴」だろう。その異端性がゆえに、学校時代はずっとからかいの対象になってきた。今も組員たちは、誰も彼の発言をまともに取り合おうとしない。それはよく分かる。でも少なくとも私は彼を笑うことはできない。むしろ、自分が見ないように蓋をしてきた部分と誠実に向き合っている彼は、私よりも強いと思えてならない。

自分の中にわずかに残った部分、それが彼の言葉に反応しているのだ。それが彼から目を逸らすことができない理由に繋がっている。離そうとしてもまとわりついてくる「業《ごう》」のようなもの。

そして、私と同じように、このドキュメンタリーを見る人たちの中にも、その何かは残っているのではないだろうか。もしそれがあれば、彼の語りは、私たちの表現に思わぬ効果をもたらす可能性がある。ナレーションでは決して表現できない言葉の重み。逆にもし、失敗すれば、単に彼はイロモノで終わってしまうかもしれない。元いじめられっ子のヤクザという話題性だけの存在。さて、どっちに出るか。

大きな賭けだがやってみる価値はある。うまくいけば、彼の存在が単なるヤクザという限定された世界を超えて、今の日本の社会を映し出すことになるかもしれない。

第3章　「暴排条例」がもたらしたもの

ヤクザとマフィア

そろそろヤクザとは別に、アンダーグラウンドの取材を検討するタイミングかもしれない。アンダーグラウンドとはいわゆるマフィアのこと。暴排条例の影響で、ヤクザが表の世界から追放されれば、彼らはいずれ地下にもぐりマフィア化するといわれている。日本では、いわゆる「半グレ」などが、そのマフィアにあたる。

ヤクザとマフィア、その一番の違いは「匿名性」にある。ヤクザはその存在を国に認められているという、世界的にもめずらしい非合法組織だ。指定暴力団というまさに「指定」を受け、国に管理されている反社会的勢力といえるだろう。

一方マフィアは、そもそも存在自体を隠している。地下での活動、アンダーグラウンドといわれる所以だ。国も全体像を把握できていない。公の場でマフィアのことを話すのも憚られるほどアンタッチャブルで、本物のマフィアを撮影して公表するなんて恐ろしくて考えられないのだそうだ。その点では、実話系雑誌でスターのように扱われているヤクザとはずいぶん開きがある。

具体的な活動内容にも大きな違いがある。ギャンブルや売春、違法薬物などシノギの中身は万国共通

知人の出所を出迎える川口さん．暴力団構成員の検挙数は毎年 5000 人近くにのぼる

だが、ヤクザの世界では、やってはいい犯罪とやってはいけない犯罪がある。前者の代表が「抗争」。後者は、「窃盗」や「詐欺」「強姦」だそうだ。何がOKで何がNGなのか、明確な線引きがあるわけではないようだが、事務所でよく組員たちが新聞を読みながら「詐欺なんて格好悪い」とか「昔なら盗みなんてやったら恥ずかしかった」とかブツブツ言っている。刑の重さや悪質性とはまた別のものさしが存在するのだろう。彼らなりの美学といったらいいのだろうか。誰だったか、組員の一人が「掟」という言葉を使っていた。彼らを見ている限り、「カタギに迷惑をかけてはいけない」という一見建て前のようなルールを、真剣に守っているように見える。河野さんも、一般人に迷惑をかけたら川口さんに死ぬほど怒られると言っていた。「社会の中で認められたい」なんてところまでは考えていなさそうだが、近隣住民に嫌われないようにしたいとは思っているのではないだろうか。世間体やご近所づきあいを気にするというのが、いかにも日本的組織だ。

　そして犯罪に関していえば、ヤクザには独特の決まりが

投票には毎回行くという川口さん．「政治家は昔さんざん票集めでヤクザを利用しといて，今は知らんぷりや」

ある。同じ罪でもそれが自分だけの利益のためなのか、組のためなのかで「評価」が大きく異なるのだ。河野さんによれば、組のために犯した罪であれば、塀の中に入っている間も家族の面倒をちゃんと組が見てくれ、出所後も厚遇されるそうだ。

一方、マフィアにそんな「美学」はない。マフィアでは構成員同士の関係はもっとドライだと聞く。そもそもちゃんと組織化されていないケースも多く、あくまでも経済的な関係で結びついているので、儲かればそれでよし。カタギに迷惑をかけてはいけないという意識もない。彼らにはきっと、ウェットなヤクザ社会は理解不能だろう。

警察との関係についても、ヤクザは独特だ。反社会的勢力同士の争いはどの国でもあるが、抗争相手を撃った組員が警察に自首してくるなんていうのは世界広しといえども日本だけだという話もある。もっとも最近は、末端の組員の犯罪でも組のトップの責任になる「使用者責任」の影響で、犯行後に名乗りでるケースが減っていると聞くが、それにしても、非合法組織が、看板を掲げて公然と活動しているというのは、つくづく不思議なことだ。

かといって、やることが認められているかといえば、そうではない。むしろ厳しく制限されている。存在はOKでも、やることなすことはNGという、なんだかよく分からない扱いのようだ。玉虫色の解釈というのだろうか。こう書いていると、なんだかまるで自衛隊の法解釈に通ずるものがあるような気がしてきた。軍隊のようで軍隊ではない、みたいな。これも曖昧な部分があってよしとする、日本ならではなのかもしれない。

さて、本題。アンダーグラウンドの取材をするべきか否か。現状、半グレ集団とのパイプはないが、少し探ってみる必要がありそうだ。これからの反社会的組織を語る上で、彼らの存在は無視できないものになりつつある。

日本ではまだ完全にマフィア化が進んでいるわけではないが、それでも着実に組織の形態は変わってきている。同じはぐれ者の集団でもずいぶん中身は異なるのだ。私たちが取材している東組は小さい組織だからまだ昔の名残があるのかもしれないが、大きな組織では、仁義や任侠などというのは、ほぼお題目になってきているようだ。今やヤクザ社会も、経済とは無関係ではいられない。組織内でも金をどれだけ集められるかで出世が決まると聞く。

さらに、最近では半グレの存在感がますます増し、ヤクザの立場を徐々に脅かしつつあるようだ。週刊誌などを見ると半グレもヤクザの配下に置かれていると書かれているが、今後、ヤクザからの支配を受けない半グレ集団も出てくるのではないだろうか。そういえば新世界の大衆食堂のおかあさんも、ヤクザとはまた別のグループが脱法ハーブを売っていると、川口さんに嘆いていた。

なぜここまでマフィア化が進むのか。おそらく組織に属することのメリットが、どんどんなくなってきているのだろう。ヤクザになることは、イコール指定暴力団の組員になることを意味する。ということは自動的に、警察に存在を知られる。それだけでリスクが格段に増すのに、さらに上納金を収めなくてはいけないし、「目上の人は絶対」という超体育会系組織に身を置かなければいけない。イマドキの若者にとっては相当ツライ環境といえよう。ヤクザの世界は、コンプライアンスとは無縁で残業代も出ない、文字通り「ブラック企業」なのだ。これでは、相当なうまみがないとヤクザの組に入ろうとはならない。

そして、そのうまみといえば、これが大して見当たらない。かつては看板を使って商売ができたが、今は暴対法があるので組織の威力を示して金品を要求する行為は「暴力的要求行為(二七類型)」として、中止命令または再発防止命令の対象となる。従わないと処罰の対象となる。

事務所でも組員に名刺を見せてもらったが、みんな代紋が入っていないものを持っていた。代紋入りの名刺を渡す行為が威嚇に取られるからだという。当番責任者の今井さん(六五歳)などは、堂々と「組にいるメリットなんかない」と言いきっている。それなら、なぜ辞めないのかと問うと、いまのところ説得力のある答えは聞けていない。何度聞いてもよく分からない。

多いのは「なんとなく」だとか、「辞められれば辞めるけど」という消極的な意見。中には「親分が好き」とか「任侠に憧れて」なんていうのもあるけど、どこまでが本音なのかは謎だ。格好つけて言っているのかもしれないが、見ている限りでは、河野さんのように家庭に恵まれない組員が、組を家のような居場所としているので残っているケースが多いように思う。

なぜヤクザに

そもそも、彼らの多くは、たまたま何かの縁でヤクザになっただけで、なるべくしてヤクザになったということはほとんどない。会長の川口さんも、生まれながらのヤクザかと思っていたが、取材してみて、決してそうではないことが分かった。グレて学校に行かなくなってパチンコ屋でヤクザに出会わなければ、この道は選ばなかった可能性が高い。

しかし、よく考えてみると、そういった生き方は決してヤクザだけではない。人には多かれ少なかれ「なんとなくそうなった」という選択肢がある。まわりの大人や友人に影響されて……というパターン、「成り行き」というやつだ。

自分でも、なぜ今の会社を選び、なぜ辞めて別のところに移らないのかと聞かれたら、答えに窮してしまうだろう。私の場合は三つ上の兄がテレビ局に勤めている。その兄を見ていて「あれで仕事が務まるなら」とこの道を選んだ。まわりを見ていても、今の職業に就くべくして就いたなんて人はほとんどいない。そう思うと、つくづく環境というのは大事だ。もし自分も河野さんと同じ環境だったら、ヤクザの道を選んでいても決しておかしくない。

取材に入る前は、ヤクザというのは悪の道を極めたワルがもっと悪いことをするためになるのだと思っていたが、それは違っていた。私たちから見れば信じがたいのだが、ほとんどのヤクザは成り行きでこの世界に入ってくるのだ。

もしかしたら、自分もヤクザになっていたかもしれないなんて、およそ非現実的な妄想のように思えるが、彼らと日々接し、自分と変わらない部分を見るにつけて、やけに現実感を帯びてくる。でも、あまりそこは考えないようにしよう。自分の中での善悪の線引きがおかしくなってしまいそうだ。
この日も、事務所内で今井さんと金城さんがヤクザの現状について嘆いていた。

――昔のヤクザはどんな様子だった？
今井　もう毎日のようにケンカやった。どっかと揉めとったわ。こんな平和とちゃうよ。……みんなポケットベルやん。そやろ、ここ座っとったら電話鳴りっぱなしや。ケータイ持ってへんでな。そんな時代やもん、な。
――ケンカは殴り合い？
今井　殴り合い、そやけど最終的には大事《おおごと》になるわな。そやから抗争なんかしょっちゅうあったやん。今は代紋自体つける時代じゃない。俺、代紋みたい持ってへんがな。代紋もういらん時代やわ。な、金城？
金城　そうすね、表立った代紋はいらないですね。ヤクザ同士のケンカだったらあれですけど。
今井　古いもん同士やったら、もう顔覚えてるがな。
――今はケンカもない？
今井　ないよ。あっても小競り合いぐらいちゃうか。分からん程度の個人的な。何もしてへんのに捕まえたろかいう考えやろ警察は、そやろ。
今、もうなぁ警察も連絡あれへんもんな。昔はよう来とってんけどな。

――何しに？
今井　情報やんか、情報くれって来とったんやけどなぁ、今もう来えへんなぁ。
――なぜ来なくなった？
今井　わからん。もういらんからちゃう。
（テレビで暴力団員逮捕のニュースが流れる）
今井　さっきのは何で捕まったって？
金城　そうですね、ガサです。
今井　何容疑？
金城　詐欺です。レンタカーの。……まぁ申告を偽ったって詐欺罪じゃないすかね。他人名義でレンタカー借りさして自分で乗ってたと。
――それは詐欺にあたる？
金城　要は虚偽の申告……、何にあたるのかな……。
今井　そんなもんな、こじつけやて。な、そやろ。何したかってパクろう思ったらパクってしまいよる、そやろ。
自分の通帳な、自分で作るのが何が悪いんや思うがな。そやろ、ちゃう？　思えへんか？　ほなまぁあの、年金なんか貰うんよ。現金でくれるんか？　くれへんよ現金でなんか。……年金みたい振り込みやんけ。ちゃうんけ、どないするんかって振り込みやんか。ヤクザもカタギも年金は年金やんけ。ヤクザは年金くれへんのか？　国民年金やで。厚生年金ちゃうで。そやろ。

――どうするんですか？

今井　どうするんですかって、よう自分、ヒトにそんなこと聞くなぁ、どうするんですかって……。もうそやから歯がこぼれていくがごとくやね。……落ちこぼれていかなしゃあない。真面目にしようかて警察がさせへんのやから。そやろ？　働きとうても働かれへん人間が、山ほどおるんやから……。

――ヤクザはまだ仕事があるのでは……。

今井　あれへんがな！　ヤクザって仕事あるか？　ナオト？

ナオト　雑誌読む限りないと……。

今井　何もないでほんまに。毎日考えてるで何かないかなって……、何かないかなと。嫁はんなんか昔働かせへんかった。もう今、嫁はんに働いてもろうてる。そやろ。情けないもんやで。今日び、プライドみたいなのないけどな。薄れていくわな。食わんがためにプライドみたいなの張ってられへんがな。そやろ。会社から給料もらえるんやないし、自分らみたいにな。ちゃう？　なぁ金城？　思うで。食うのが精いっぱいやがな。ちゃう？

金城　でもメンツは大事ですよ。

今井　メンツ張って飯食える時代だったらええがな。そうやろ、なぁ。出前だってそうやぞ。一二時って言っても、来えへんやないか、遅いやないか。でもそんなこと言ったら、「いやもう今度から結構ですわ」って言われる。それまでやで。……ほんまやで。何でもかんでも、今の時代は一歩引いてモノ言わなあかん我々は。そんな時代やて。そんな時代にな、されたんや、な思わへん？　なんでも引いて下がらなあかん。

――ストレスたまりませんか。

今井　たまるよ。ストレスやろ？　たまるよ。

――どこでヤクザらしさを発揮するのか。

今井　今日び発揮せえへんて、言ってるやん。

――どうやって発散してる？

今井　発散してへんがな。発散できへんがな。そやから辛抱してるんやんか。そやろ？　できるもんですかって、せなしゃあないから辛抱してるんや、自分、ようそんなことばっか言うなぁ、俺ら名刺出したらそれで終わりやんけ。そやろ？　そこらの差があるやんけ。な？　そやろ？　その差を分かってないわ自分。

――いや差があることは分かってますよ……それだとストレスたまるのではないかと。

今井　たまってる言うてるやんけ。カメラさん、言うたってえな。こいつ何ぼ言うても分からへんのやから。

たこ焼きは利益供与か

河野事務局長が、事務所にたこ焼きを買ってきた。たこ焼きを買ってくること自体は面白くもなんともないのだが、それを組員らに一通り配ったあと、カメラのこちら側にいる私たちにも勧めてきた。これがなんだか不思議なやりとりへと発展していく。

河野　（スタッフに）食べりよ。
――いや、ちょっと、おごってもらうわけには……。
河野　ええやんか。
――いやいや、そんなわけには。
河野　何？　ハハッ、なに、たこ焼きぐらいええやんけ。（他の組員を見回し）なぁ。
――いやいや捕まっちゃうんで。
河野　え？　何が捕まるんよ。ヤクザにたこ焼き食わしてもうたら捕まる？　捕まれへんよそんなの。そんなん捕まえにきてどないすんよ。
今井　ハハハッ、アホなことばっか言うやろ、こいつ。
――いえ、可能性あると思います。
河野　あれへんわ。それやのに何言うてんのや。そんな警察、暇ちゃうで。なぁ。俺ら、たこ焼きおごっただけで捕まえにきよったら。警察そんな暇やないでしょ。
――でもちょっと……。
河野　何？　お金払ってくれるの？　ほなら一万円貰うとくわ、ハハハッ。
――一万円は……。
河野　ハハハッ。
――ちゃんと半分払います。いくらですか？　ほんと払わしてください。
河野　半分で一〇〇円、一皿二〇〇円やから。

（監督が河野に金を払う）

河野　（お金をしまいながら）土方君ら、今日送ってってやるわ。泉南の方に用事あるから。帰り道、ホテルの前通るよ。

——　大丈夫です、歩いて帰ります。

河野　なんでよ。重いやろ、カメラかついで毎日往復。

——　いや、送ってもらうっていうのも、多分場合によっちゃぁ、アレなんですよ。捕まる可能性あると思うんですよ。

河野　そんな警察、暇ちゃうよ。そんなことで捕まるけ。

——　今は条例で、ほんとに厳しいと思いますよ。

今井　ハハハッ。

河野　食えよ、熱いほうがうまいやん。おごってもらったって捕まらへんやろ。

——　いや捕まるんじゃ……。

河野　嘘？　なんでよ。俺ら、人におごったったら捕まるって、そんなアホな話あれへんよなぁ、ハハッ。おごってもろうても捕まるんか、俺ら？

——　一般の人とヤクザは、どっちがどっちに便宜を図っても多分ダメなんじゃないかなと。

河野　……食べてくださいよ。食べれない？　なんで、そんなこと言ったらあかんよ、食べれよ早よ。そんなこと言うんやな、ハハハッ。俺の好意を受け入れられへんと、ハハハハッ。そう言うんですか、土方さん？　ホンマですか？　そんなことないでしょ。同じ人間として僕は、ヤクザとしておごってんとちゃいますよ。……ねぇ。ムチャクチャやな、そないなってきたら。なぁ、ムチャクチャやん。人間やないやん俺ら。人間の扱いちゃうで。なぁ、そんなひどいこと言わんでよ。差別や。

たこ焼きをめぐっての押し問答。さらに車で送ってもらうことがセーフかアウトかという議論。揉めたわけでも気まずい空気になったわけでもない。冗談の延長線上のようなやりとりなのだが、この中に暴排条例が社会とヤクザの間にもたらした影響が出ている。

ちなみに、この時の私の発言は、決して彼らからコメントを引き出したいがためではない。撮影中におごってもらったことを何らかの形で警察が認知し、利益供与を図ったとして、私たちが逮捕されることもありうると本気で思ったのだ。まして、今回はしっかりとカメラが回っている。万が一、取材テープが押収されたら、動かぬ証拠になってしまうだろう。

たこ焼き二〇〇円分をおごってもらっただけで、逮捕者が出て番組がオンエアできなくなるなんてことになったら、それこそ冗談じゃなく、プロデューサーに顔向けできないと顔面蒼白になったのだ。

取材後すぐに弁護士に確認して、そんなことくらいでは捕まらないと聞き、「よく考えればそうだ」とようやく胸をなでおろした。

一日たった今は笑える話なのだが、しかし、ふと思う。一般の人の感覚は、こんなものではないだろうか。ヤクザに何かしたら、何かしてもらったら捕まるかもしれない。彼らと交流したらそれ自体が利益供与になる可能性がある、と。

インターネットで調べても、どこからが利益供与にあたるかなんてことは詳しく書いてない。何が明確にアウトかは分かっても、何がOKなのかは触れられていない。境界線が分からないのだ。メディアの人間ですらあやふやなのに、一般の人はもっと戸惑うに違いない。弁護士に確かめるなんてことも簡単にはできない。こうして、拡大解釈が進んで、触らぬヤクザに祟《たた》りなしと、ヤクザは社会から排除されていくのだろう。そんなヤクザを排除していく現状を象徴するようなシーンが、偶然撮れた。

そして、河野さんの口から何気なく出てきた「差別」という言葉。それほど深い意味はないのだろうが、だからこそ余計にリアルに響いてくる。川口さんら幹部から聞く差別とはどこか違う、「現場」の生の声だった。ヤクザと社会、そして差別。送ってくれるという申し出をなんとか断り、いろいろ考えをめぐらせながら宿まで帰る。

ヤクザの葬儀

総長の訃報が届いた。総長とは、初代東組の組長。東組の創設者だ。ヤクザの組織を立ち上げるくらいの人だから、スゴイ人だったのだろう。

葬式の様子を撮影したいので金城さんに尋ねたところ、組が葬儀をする会場が見つからず、仕方なく東組の本家でやることになったそうで、今、大慌てで準備をしているという。組関係者とのやりとりなどで金城さんも相当に頭に血がのぼっていて、あまり詳しく確認できない。現場に行って直接確認しよう。

大阪市西成区の本家前には取材陣が集まっていた。雑誌のスチールカメラマンばかりで、テレビは私たちだけのようだ。前々から本家がテレビ撮影を嫌がっていると聞いていたので、断られるかと思った

葬儀の準備をする組員たち．ヤクザの冠婚葬祭には独特の緊張感がみなぎる

が、カメラを構えていても誰も近づいてくる様子はない。組員たちはピリピリしているが、葬儀の準備などに追われているだけで、私たちの取材に向けられたものではなさそうだ。しかし、こんなふうに本家の取材ができるとは……。本家はNGだと若頭が言っていたが、冠婚葬祭に関しては取材の許可がいらないという決まりでもあるのだろうか。そういわれてみれば実話系の雑誌には、よく葬式の写真が載っている。葬式の取材はフリーなのかもしれない。本当にこの世界は分からないことだらけだ。一団の中に、今回の取材に入る前に話を聞かせてもらったノンフィクション作家の鈴木智彦さんの姿を発見。こういう現場で、知っている人を見つけるとホッとする。声をかけたら撮影ポジションを教えてくれた。基本的に前に出て葬儀の進行の邪魔をしなければ、自由に撮ってもいいとのこと。鈴木さんはスキンヘッドで見た目は完全にあっち系の人だが、話すと本当に優しい。人間、見た目では分からないものだ。

しばらくすると清勇会のメンバーが式場から出てきたので声をかける。

葬儀の会場が借りられないため，本家の一階駐車場を急遽改装して参列者を収容した

――なぜ式場が見つからない？

今井　どこも、貸してくれへん。

河野　近所全部、手当たり次第あたったんやけどな、全部あかんかった。貸してくれませんでしたわ、会場。

今井　全部断られよる、暴排条例で。

河野　貸したら警察に言われるから。営業停止とか食らいますでしょ。暴力団に協力したらあかんということで。死んだ人間には罪ないと思うけどな。なんぼ総長でも、亡くなったら仏さんですやんか。死刑囚でも誰か呼んでくれるでしょ、死ぬ時に。それ以下ということですやん。ねぇ。死刑囚が殺されるときに坊さん呼んでくれるはず、違いますか？……それすらあかんと言うんやでね、わしらには。死んでもヤクザということやね。

冠婚葬祭とヤクザ、社会と暴排条例。短い時間ではあったが、示唆に富むシーンだった。

しかし、取材期間中に冠婚葬祭に出くわす可能性はどのくらいあるのだろう。近所の喫茶店の女性も、今まで見たことがないと言っていたから確率は相当低いに違いない。そう考えると、この作品は「作っている」というよりも、「作らされている」と感じてくる。中根カメラマンがよく冗談で言うのだが、何か大きな存在（カミサマのような何か）がこのテーマに意義を感じて、絶妙なタイミングで私たちにこの取材をさせているのかもしれない。

川口さんもナオト君も清勇会の他のメンバーも、あまりにも役者が揃いすぎて、人智を超えた存在を引っ張りだしてこないと説明がつかない。みんなが「お役目」をもらって、それぞれの役を演じているような……そうなると私たちも、そのメンバーの一人なのか。

こんなスピリチュアルのようなことを書いて頭がおかしくなったのかとも思うが、まぁ、それくらい奇跡的なことが毎日起きているということだ。

ヤクザの子ども

川口さんから「幼稚園問題」をかかえる組員を紹介してもらう。

幼稚園問題とは、「親がヤクザ」という理由で、子どもが幼稚園や保育園から通園を拒否されるという問題だ。川口さんが全国のヤクザ組織に、いま組員が直面している悩みを聞いたところ、子どもがいじめを受けたり、通園を断られて困っているという訴えが寄せられたという。今回の作品で、ぜひ取り上げてほしいと取材に入る前から言われていた。こちらとしても興味のある話なので、取材開始時から、顔を出して取材に応じるヤクザがいればインタビューしたいと川口さんに話していたのだが、結局見つからずじまいだった。すべて断られたのだそうだ。どこの組も「警察を刺激したくない」というのが取

各組織からの「陳情」を手に，ヤクザの窮状を語った．子どもの差別の話になるととくに力が入った

材NGの理由。目立つと警察から必ずやられるというのが、この業界の常識らしい。ヤクザが警察を恐れているというのは本当だった。取材に入る前は、「対立構造」のイメージを持っていたが、実態はまったく違う。ハナから勝負になっていない。圧倒的に警察のほうが強大なのだ。ヤクザは警察に完全に制圧され、支配下に置かれている。

しかし、このままいくと、子どもが巻き込まれているという話が、取材が終わるまでに聞けない可能性が高い。東組に子どもの学費を引き落とせなくて現金で手渡している組員がいるというので、急遽話を聞くことにした。

本家で待ち合わせ。組員は予定通りやってきた。ところが、顔を映してもらっては困るという。話を聞くと、最近奥さんが行政機関に勤め始めたらしく、旦那がヤクザだとバレるとクビになるかもしれないというのだ。こちらとしては、そこまで神経質にならなくても……と思うのだが、本人はテレビの影響力を恐れている。

川口さんも、家族の問題になっては致し方ないという考えのようだ。

うーん、ここまでモザイク一切なしでやってきたのに……と思ったが、ここで無理やり顔を出してしまえば、自分たちが今回の作品で訴えようとしていることと矛盾することになる。顔出ししないことを約束して撮影を始める。

組員の子どもは高校生。暴排条例の影響で銀行口座が作れないため、学費の自動引き落としができず、現金で学校に持っていっている、そんな生徒は他になく、ヤクザの子どもだと分かってしまうと話した。まわりからいじめられているわけではないが、親として不憫《ふびん》だという。

天下り

話はそのまま警察の天下りの話題に。

川口　大きな会社やったらどこでも全部警察の天下りが入ってるやん。コンプライアンスや何や言って、ええ会社であればね。……こないだもホテルに天下ってる人と会うてきたけど。病院もそうやな。

組員　僕、びっくりしました、○○病院。

川口　○○大学？

組員　ええ四課の関係者。

川口　天下ってた？

組員　声かけられて……何してまんのって。

川口　パチンコ屋なんかは、ひどいと一軒で二人ぐらい入ってるんとちゃうか。

——天下りってあるんですか。

組員　それが警察の仕事ですもん、辞めてからの。仕方ないですやんか。

川口　ただ刑務官だけは、こういう天下り先ほとんどないねん。警備員ぐらいや。かわいそうに。あんな寒いところ、立ってやな、六〇過ぎて立ってられへんで。

——天下りした企業では別の仕事をやるんですか。

川口　四課の刑事やったら市役所に天下る。それで生活保護受けてるヤクザを探して、（生活保護を）切るという仕事やねん。そやけど本音は、そういうことしたら、先の者（前任者）が許可した者を潰したりするようになるから、何もできへんのやと。そやから「何もせんことが仕事やねん」って本音言ってたわ。役所に下ってるおまわりさん、そない言ってた。じゃあ何してんねんて聞いたら、いや何もしたらあかんのやと。先と後の役人に恥かかすことになるから、と。

直接警察に取材しているわけではなく、あくまでヤクザ側の話としてだが、天下り先と警察官の実名が次々に出てくるのに驚いた。

「警察がヤクザのシノギを奪っている」という、取材に入る前に聞いた宮崎学さんの話を思い出す。正義と悪がシノギをめぐってせめぎ合う。もちろんそんな簡単な話ではないのだろうけど、少なくともこれまで抱いてきたイメージとはずいぶんかけ離れた正義と悪の構図が存在するのは間違いなさそうだ。

山口組元顧問弁護士

まもなく撮影開始から二カ月。組事務所内で撮れそうな画はあらかた撮れてしまったような気がする。あとは、山口組の元顧問弁護士を取材するかどうか。テレビによく出ていたらしい。作家でもあり、劇団を主宰していたこともあるという異色の経歴の持ち主だ。

なぜためらっているのか。「向こう側の弁護士」というダーティなイメージ。ヤクザとツーツーだった弁護士が出るイコール登場人物は全員あっち側の人間になる。イコール作品の中立が保てなくなる、ということをおそれているからだ。

しかし改めて考えると「中立」とはなんだろう。よく分からない。弁護士であるという肩書きが大事なのか。これも分からない。

ちょっと待てよ。そもそも、弁護士を取材しようとなったのは、このきわどい取材を放送に結びつけるためだったのでは……。だとしたら、「元」とはいえヤクザの味方をしていた弁護士が出てくることはむしろ逆効果だ。プロデューサーが激怒するかもしれない。それは困る。でも、一方で面白いものが撮れる予感もないではない。賭けてみるか……しかしインターネットによると過去に捕まっていると書いてあった。なぜ逮捕されたのか。詳しく調べてから取材に入らないと、取り返しのつかないことにもなりかねない。取材するべきや否や……頭の中でグルグルと堂々めぐり。

さらに懸念しているのが彼のキャラクターだ。文章を書いているという段階で、表現するのが好きだと推測される。実際に著作物の端々に自意識がにじみ出ている、過剰なほどに。常に見られていることを意識している人物は、取材対象としてあまり魅力がない場合が多い。ドキュメンタリーとはいえ、どこか無防備で愛されるキャラクターを備えていてほしい。感情移入ができるかどうかは一つの肝だ。その意味ではこの弁護士のキャラクターは期待できないということか。

しかし……とまた考える。そもそも今回の作品に、本当に「いいキャラクター」など必要なんだろうか。反社会的勢力＝社会の敵といわせる世界を描いているのだ。登場人物全員に感情移入できないという作品でもいいのかも、いやむしろそうなるべきなのかもしれない。誰にも寄り添えないドキュメンタリー……果たしてそれが受け入れられるのかという別の不安がまた頭をよぎる。

しかも今回は、あくまでヤクザが主役。そして、ヤクザのキャラは十分に立っている。そこにさらに別のキャラがいるのか。これは分からない。やはり必要ない気がする。弁護士に何の役割を持たせるのかが重要なのだろう。善意の第三者としての役割か、悪の片棒をかつぐ悪徳弁護士か。正義のヒーローが必要ならこの弁護士は不適格だ。でも、弁護士であることだけが重要であるならヤクザの御用達弁護士でもＯＫとなるのかもしれない。うーん分からない。考えていてもラチが明かない、とりあえずアポだけは取ってみよう。最初からカメラを回していってみるべし。

第4章　ヤクザを弁護してはいけないのか

山之内幸夫弁護士

さんざん迷ったが、山口組元顧問弁護士、山之内幸夫さんの事務所を訪問することにした。事務所は白いオシャレなビルだった。儲かっているのだろうか。キレイなガラスの扉を開けて中へ入ると鼻メガネのおばさんが……。なんだかビルに似つかわしくないと言ったら怒られるだろうか。もっと若い事務員を想像していた。

山之内弁護士は電話中とのことで、二階に通される。やたらと狭い階段。まさかヤクザの組事務所のように敵の侵入を防ぐ造りになっているわけではないだろう。

二階の事務所に入るといきなりヤクザ映画のポスターを発見した。想像を裏切らない光景だ。しかし、趣味なのだろうか、仕事なのだろうか……考えていると本人が上がってきた。カメラは回した状態。いつもは挨拶をして了解を取ってから撮影に入るというパターンなのだが、今回は最初から回す。普通の弁護士とは違うのだ。名刺を交換。放送で自分の質問の声を使うことも考え、砕けた雰囲気を出さないよう意識してインタビューを始める。

山之内弁護士の事務所．部屋の壁には「禁煙」の文字が……．その紙もヤニですすけていた

――今はどういう仕事を中心にしているんですか。

山之内　通常の民事や刑事の事件をやっておりますけども、立場は山口組の弁護士です。元顧問弁護士と言ってましたけど、現役の顧問弁護士ということで結構です。

――今も山口組の弁護士を？

山之内　ええ、ずっとそうなんですよ。ところが元という形で報道してくれてたんで、フンフン言ってただけで。今も現役です。

――えっ、いまも山口組の顧問弁護士をしてる？

山之内　はい。世間では元という形になってますけどね。

なんと、今でも山口組の顧問弁護士だった。インターネットでは、どのサイトにも「元」と書いてあるのに、そんなことってあるのか……。想像と違う展開に動揺しつつ、事務所内を案内してもらう。二階には、かなり大きな蔵書のスペース。

山之内　書庫ですね。私の作品とかビデオとか映画がよ

書庫には大量の著作が…….「ヒットマン」という言葉は自分が作ったと自慢げに語った

うけありますけどね。ハハハッ。まぁ代表的なのが『悲しきヒットマン』。原作が映画化されたというのがありまして。それ以外にも、ヤクザ者の映画をたくさん監修してるんです。ええ。それと出演もしてまして。俳優業やってるという、うん。たくさんありますよ。『ミナミの帝王』なんか二本に一本、出てるでしょうねぇ。あっ見せますわ、ちょうどビデオがありますんで。

なんなんだこの人は。こんなミーハーな弁護士、見たことがない。やたらとノリがいい。いや、よすぎる。

気がついたら本人が出演しているヤクザ映画のＤＶＤ鑑賞会になってしまっていた。しかも驚くべきことに、弁護士役ではなくヤクザ役で出ているではないか。そんなことがあるのかと愕然。関西独特のノリなのか、この人だけの特徴なのか。普段の弁護士取材では、「先生、もう少し柔らかい表現を」とお願いすることが多いのだが、ここでは「先生、もう少し固い感じで」と言いたくなる。

その後も一通り仕事やプライベートの話を聞いた。

一言で表すなら、よく喋る関西のおじさんという感じだろうか。もうすぐ七〇歳というから、おじいちゃんか。カメラを回しながら入っていったことについても、とくに気にしている様子はなかった。全体に飄々としていて威張るようなところがない。最初はこちらを油断させるためのパフォーマンスかと身構えていたが、事務員もなんだか同僚のような気軽さで話しかけている。さすがに彼女もグルということはないだろう。

山之内弁護士は、趣味が一人カラオケだとか、高価なギターを持っているとか、聞いてもいないことまで一人で喋り続けた。県警記者時代に司法担当をしていたが、こんな弁護士には会ったことがない。

一方で、なかなか興味深い話も聞けた。人がヤクザになるのは、貧困、親の愛情の欠如、差別が要因となっていることが多いということや、何かに帰属したいという意識が疑似家族としてのヤクザ社会を作り上げているということ。さらに、暴排条例にあえぎ、虫の息になっている今の業界の現状なども丁寧に教えてくれた。

マフィアと比較したヤクザの精神性や歴史など初めて聞くことも多く、とても勉強になる。ヤクザとベッタリというダーティなイメージで入っていったが、そんなに腹黒いわけではなさそうだ。

しかし、肝心なものが欠けている。何度聞いても「大義」の部分が出てこないのだ。大義とはすなわち、私たちが納得できる彼の活動理由だ。五代目山口組の若頭・宅見勝と知り合い、自分の知らない世界への好奇心で顧問弁護士になった。そこまではよしとしよう。しかし今も、ワクワクするからヤクザの弁護士やってます、というのではマズい。何か違う理由が出てこないかと繰り返し聞いたが、「未知の世界への好奇心」と、同じセリフが出てくるばかり。しまいには、弁護士をもう引退したいが、付き合いで仕方なく続けているとまで言い始めた。

これはいただけない。不正解だ。今回の弁護士取材がプロデューサーから命を受けた「正解探し」である以上、彼の発言には私たちの望む「正解」が必要となる。それが大義だ。単に好奇心や付き合いからヤクザの弁護をしているわけではなく、弱者救済、法律家としての責任感から使命をこなしているという大義名分。それが欲しいのだが、彼にはない。いや、まったくないとは言わない。今の法律の体系、暴排条例には行きすぎだという感覚も持っているし、法律家としての自覚もある。しかし、根底に、ヤクザへの憧れや同情が見え隠れするのだ。彼は今のヤクザの置かれた立場に怒りを感じているわけではない。冷静に今の滅びゆくヤクザを見ている。どちらかというと傍観者に近い感覚。アツさが足りない。これはピンチ。気がつけば、なんとかこちらの納得がいくセリフを引き出そうとする質問になってしまっている。

しかも悪いことに、こちらは元顧問という立場での想定問答を考えていたため、質問がうまくハマらない。

躍起になって取ろうとしたコメントも、ほとんど撮れないまま取材終了。現役の山口組顧問弁護士。このまま取材を続けていいのだろうか。

山之内幸夫弁護士略歴

一九四六年生まれ。大阪・黒門市場で魚屋の次男として育つ。

一九七二年、司法試験に合格。

一九七五年頃から暴力団関係者の弁護が多くなり、一九八四年に山口組の顧問弁護士に就任。山口組幹部が麻薬取引をめぐり逮捕された一九八五年の「山口組ハワイ事件」で無罪の判決を勝ち取るなど、組関係の事件を幅広く手がける。

一九八七年、大阪弁護士会より「暴力団の顧問は弁護士の品位を害する」という理由で懲戒処分を受ける。その後は株の売買で生計を立てるが相場が下落して失敗。

一九九一年、山口組系宅見組の幹部と共謀し、組事務所隣のレストラン建て替え工事を妨害などしようとしたとして、恐喝未遂容疑で逮捕される。

逮捕当日の朝に記者会見を開き、自身の身の潔白を主張。一四〇人の弁護士が弁護団を結成する。裁判では、録音テープの存在などが明らかになり、一九九五年、無罪判決が下る。

二〇一三年九月、依頼人から紛争相手の会社が自分の作業場の倉庫の鍵を換えたため中に入れなくなったとの相談を受け、山之内が壁を壊して扉を開けるよう指示したとして、建造物損壊教唆罪で在宅起訴される。

山之内さんは二回検挙されていた。逮捕が一回と書類送検が一回。検挙歴のある弁護士というのは取材対象として問題ないのだろうか。しかも、今もまさにその渦中にあるのだ。在宅起訴され公判中。正直セーフかどうかは分からない。ただ、直観としてはアリだと思う。むしろこの状況がドキュメンタリーに生きてきそうな気がする。あとは、プロデューサーがどう判断するか。今の段階でどういう反応が返ってくるかは想像がつかない。仰天するだろうか。とりあえずこの件はもう少し伏せておこう。説明

イケイケだった時代の山之内さん．毎晩のように北新地で遊び，「キザでいけすかなかった」と振り返る

が難しい。落ち着いたところで正直に報告し、プロデューサーの感覚でアウトと言われればそれまでだ。

さて、問題は山之内さん＝ヤクザべったりの黒い弁護士というイメージをどうするか……。正直まだ今の段階では、見た人が感情移入できるような取材対象だとは思えない。なにせ検挙されている。しかも二回も。ただ、彼の言動や事務員への接し方を見ている限り、悪い人とは思えないし、山口組の顧問弁護士も単に金儲けのためにやっているわけではないというのは分かる。ただ、いかんせん私たちが求めている弁護士は、「いい人」だけでは力不足なのだ。彼を「白」に見せたいとは思わない。でもせめてグレーくらいにはなってくれないと。このままでは、黒のヤクザにさらに黒い弁護士が加わって作品が真っ黒けになってしまう。

その後、事務所内で、自分の裁判のための意見陳述を書くところが撮影できた。なかなか見ることのできない光景だ。弁護士自らが被告になる裁判なんて、めったにない。ましてや被告側に密着できる取材なんて通常はあり得ない。普通プライドのある弁護士だったら恥ずかしくて取材を嫌がるだろう。山之内さんにプライドがないという意味ではないが。

しかし、彼がこれだけ何でも撮らせてくれる理由は、なんだろう。そこまで意図があってやっているわけではなさそうだ。「こんなにひどい目にあっている私を見てください」というよりは、興味があるんだったら、どうぞお好きに、という感じだ。彼を表すには、やはり飄々としているという表現が一番しっくりくる。一般社会にならいてもおかしくないが、法曹界では相当にめずらしい存在だろう。

山之内さんの醸し出すその雰囲気は、清勇会の組員たちとどこか似ている。「なんかしらんが、撮りたいんやったら勝手に撮り」という感覚だ。どちらも、力んでいるわけでも、すねているわけでもない。かといって達観しているわけでもない。どうもうまい表現が見つからないが、あけっぴろげというか、無防備というか……、その姿は見ていてなかなか面白い。

夜には自宅を見せてくれた。自宅といっても階段を上がるだけ。事務所の上で、一、二階が事務室で三階が自宅という構造だ。自社ビルという表現が正しいのか分からないが、丸ごと自分の持ち物ということは、やはりヤクザの弁護士は儲かるのだろうか。

自宅では興味深い話を聞けた。聞けた、というより聞かなくても勝手に話してくれたというのが正しいだろう。奥さんと別居していること。普段はコンビニのおでんを食べるなど慎ましい食生活であること。何も先生、こっちはそこまで求めてませんぜ……と言いたくなるほどのリップサービスだ。

しかし、このキャラクターは、弁護士としてはいかがなものか。なにせ仕事の内容が相手(弁護士や検事)を打ち負かすことなんだから。変に喜ばせようなんて優しさを見せたら、瞬間にガブッと噛みつかれてしまう、サービス精神が仇《あだ》になる業種だ。それなのになぜ?! とクビをかしげたくなる。もしかしたら弁護士として彼は優秀ではないのだろうか。

いずれにせよ、取材する側からすればとてもありがたい。ヤクザも弁護士も、普通はこんなに短期間で中に入らせてもらえない。本当にラッキーだ。

そして、山之内弁護士を語るうえで欠かせないのが、事務員の猪原かをよさんの存在だ。かわいらしいとはこのような人のことを言うのだろう。愛すべきキャラクター。自分を雇っている弁護士に対してもあけすけにモノを言う。カメラが回っていようといまいと、おかまいなし。マンガみたいな人だ。

山之内弁護士の愛すべきキャラクターはなかなか見えてこないが、この愛すべき猪原さんを通じて描けば、山之内さんも愛されキャラに見えるような気がする。まぁ、そううまくいくかは分からないが。

一般論として、ドキュメンタリーでは登場人物の人柄や主張を、本人がいくら話しても説得力がない。こういうときはまわりの人の接し方や評価で表現するのが一番だ。その意味では、事務員の猪原さんは山之内さんを描く上で大切な存在になってくるだろう。

午後からはお出かけ。同行させてもらう。黒門市場という大阪で有名な市場に、山之内さんの生家があったというのでちょっと寄ってもらった。今はもう別の飲食店に変わってしまっているが、もともとはここで魚屋を営んでいたそうだ。市場というだけあって雑然とした雰囲気が漂っている。歩きながら少しインタビューする。三人兄弟で裕福な家ではなかったということや、両親も愛情に恵まれた家庭に育っていなかったことなどを話してくれた。弁護士としてはかなり異色の生い立ちなのかもしれない。なぜ魚屋の息子がヤクザの弁護士になったのか。初日に事務所でした質問を、もう一度ぶつけてみる。

懐かしそうに生まれ育った黒門市場を歩く山之内さん．知った顔はもうほとんどいないと寂しそうに自宅跡を眺めた

――なぜヤクザの弁護を？

山之内　ヤクザの人の生育環境といいますかね、生い立ちやなんかに同情したり共感したりするのが僕の中にあるんだという気がしますね。ヤクザになるには背景がある。その背景に、若干心情的に肩入れするところがあるんじゃないでしょうか。

私の場合、両親は揃ってましたけど、貧しい小さな商売人でしたし。蔑《さげす》まれているとまでは言いませんけど、まあ要するに一番低い底辺のところを見てたんではないかと思います。

思わぬ言葉がポロッと出てきた。幼少期に底辺を見たことが、ヤクザへの同情に繋がっていたのか。これが果たして山之内さんを「白」足らしめるかといえば、そう簡単にはいかないだろうが、彼が今の仕事を選んだ理由として、これまでで一番腑に落ちるものであることは間違いない。「物事にはすべて原因と結果がある」という、清勇会の部屋住み、ナオト君の言葉を思い出した。

山之内事務所

山之内さんの事務所でこれを書いている。取材先が事務所ばかりで、何の事務所か書かないと、組事務所か弁護士事務所か分からなくなるおそれがある。いや、ないか。でもこの二種類の事務所を交互に行き来しているのは、日本広しといえど、私たちくらいだろう。貴重な経験だ。

さて、そんなことより、山之内さんの事務所だ。なぜか落ち着く。取材先で落ち着いていていいのだろうか。でもヤクザの組事務所で落ち着くよりはマシだろう。事務員の猪原さんもすっかり顔なじみになった。行くたびに、退屈しのぎに刺繍をしているというガーゼのハンカチをくれる。もう一〇枚以上もらって、知り合いにはあらかた配りつくしてしまったのだが、満面の笑みで差し出されると断れない。

それにしても、この猪原さん、山之内さんに対してやけに親しげに話しかけるなぁと思って、何の気なしに聞いてみたら、なんと二人は五〇年来の付き合いだという。彼女は山之内さんの実家の魚屋で従業員として働いていたのだ。山之内さんが一〇歳のときから女中奉公で住み込んでいたというから、猪原さんにとって山之内さんは、勤め先のボン(坊ちゃん)ということになる。その後、山之内さんが成人し弁護士として働き始めてから、両親が店をたたむことになったのをきっかけに、猪原さんを引き取って事務員にしたんだそうだ。どうりで猪原さんも事務員らしくないわけだ。いろんなことに合点がいった。そんな事情を知ってから、二人のやりとりを見ているとなんだか微笑ましくなる。山之内さんの飾らない人柄もあり、ここに来るのが楽しい。

かわいらしいおばちゃんの猪原事務員．山之内さんの服の洗濯などもしていて，まるでお母さんのよう

山口組の顧問弁護士の事務所という、世間から見れば諸悪の根源みたいな場所にいるのに、この居心地のよさは何なんだろう。

プロデューサーにはまだ山之内さんのことは話していない。そもそも山之内さんや弁護士事務所を作品に入れられるのかという根本的な問題は抱えたままだ。それでも抗えない魅力がこの事務所にはある。映像には表現できないが、この感覚は大事にしよう。

被告山之内弁護士

裁判の日。山之内さんが被告人として訴えられている刑事事件の最終弁論だ。裁判は今日で結審。おそらく取材期間中に判決まで撮れるだろう。絶妙のタイミングだ。

弁護士は禁錮刑以上の有罪判決が確定すると、その資格を失う。本人も今回は勝ち目はないと認めていた。その証拠に前回は大弁護団がついていたが、今回は国選弁護人がたった一人だけだ。

それなのに、仕事の合間を縫って弁護士の研修会に参加している。定期的に行なわれる勉強会のようなものだそうだ。今日も辞めるのは覚悟していると言っていたのに。「クビになるのに受けてもしゃあないなあ」と言いつつ、なんだかうれしそうな顔でママチャリに乗り、いそいそと出かけていった。弁護士の仕事に未練があるのだろうか。

見送る事務員の猪原さんは、「まだ諦めてないんかなぁ。ちょっとだけやりたい気持ちもあるんかな。どうなるだろうねぇ。辞めたらボケるでしょうねぇ」となんだかアッケラカンとしている。自分も老後が楽しみとか言っているけど、本音はどうなんだろう。事務員と弁護士では立場も違うし、あまり深く考えていないのかもしれないが、なにせ五〇年以上の仲だ。昨日今日知り合った私たちには分からない感情もあるのだろう。

夕闇に消えていった山之内さんの背中に、なんだか少し寂しい気持ちになった。

夜は山之内さんと外食。中華を食べた。ヤクザの人たちと違って、支払いの際、ドキドキしなくてもいいのはうれしい。しかし、弁護士とはいえ、被告人と一緒にご飯を食べるというなかなか珍しい機会だ。食事中もいろんな話が出る。山之内さんによると、ヤクザは平成の世に新しく作られた差別の対象だそうだ。誰もが堂々と叩ける存在。悪口を言っても差別してもお咎《とが》めなし。市民の不満のはけ口や警察や政治家の点数稼ぎのために利用される存在。いつの世にもそういった「必要悪」ならぬ「必要差別」は存在してきたという。

叩かれる側も、不思議と不満や反対の声を上げることはない。負い目があるがゆえに何もしないのか、抗うことをよしとしない彼らの美学なのか、理由は分からないが、確かにこんな都合のよい条件の揃ったターゲットはいないのかもしれない。世の中は別の意味で彼らを欲しているのだ。

なんだか底知れぬテーマを掘り起こしてしまったように思え、暗澹《あんたん》たる気持ちに。人という生き物は残酷なものだ。ヤクザがいなくなればまた新たな犠牲者を探すのだろう。

判決の日

二〇一五年一月二八日、山之内幸夫被告の一審判決が下った。建造物損壊教唆罪。懲役一〇カ月、執行猶予二年。判決を受け、山之内弁護士は大阪地裁記者クラブの会見で次のように語った。

大阪府警捜査第四課としては、山口組の顧問弁護士である山之内を潰したいという強い意向があるんですけども、その意向に沿った検察官の起訴、そしてその意向を結果的にくんだ裁判所の判断、ということだと僕は思いますね。

懲役一〇カ月、まぁ執行猶予期間二年ですけども。この判決を、誰がどのように説明してくださっても絶対納得しません。

銀行口座を作ったら逮捕され、ゴルフ場で遊んだら逮捕され、レンタカーを借りたら逮捕され、住民票を移してないじゃないかといわれて逮捕される。それが当たり前のようにまかり通っているんですね。法の執行・運用が非常に歪んでいる。そういう側面にこそ、我々弁護士が必要なんじゃないかなと僕は思うんだけども、賛同してくれる方は誰もいません。

弁護士というのは少数派、少数意見の味方になる、そういう心意気はどこかに持っていてほしいと思いますね。今日の判決は残念ではありますけども、予想していたことです。弁護士としてはもう継続は難しいと思っています。

会見は、三〇分ほど。ほとんどが山之内さんの一人喋りだった。落胆というよりは淡々と、という感じか。その顔から感情は読み取れない。開廷の直前に少しだけ捕まえて話したときには、「記者クラブからの強い要請で会見が行なわれることになりました」と少しうれしそうな顔をしていたが、記者からは通り一遍の質問しか出なかった。判決を受けての感想と、控訴するかしないか。定型文のような質問から記者たちの関心のなさが伝わってくる。

おそらくメディアの扱いは小さいだろう。明日の朝刊はベタ記事。テレビのニュースでは報じられることすらないと感覚的に分かる。もし自分が司法担当記者だったとしても、判決の内容以上の原稿は書けない。問題提起をするにはテーマが大きすぎるのだ。もうちょっと攻撃的な質問も出るかと期待していたが、なかった。みんなパソコンに向かったままひたすら山之内さんの発言を打ち込んでいる。山之内さんの言葉は空に吸い込まれていく。

記者の人生と山之内さんの人生にはあまりにも開きがありすぎるのだろう。立場が違う、というよりは、熱量の違いなのか、生き方の違いか。記者に、落ちこぼれた人間の気持ちを分かれというのが無理なのだろうか。暴排条例から二〇年で記者もサラリーマン化したのかもしれない。つるりとした若手記者たちの表情は、組員の葬儀会場で見た若い警察官の顔に似ていた。

会見後は、山之内さんについてそのまま裁判所の外へ。敷地の外へ出たところに「雑誌記者がいるかも」と山之内さん。しかし誰もいなかった。前の事件から二〇年がたち、世の中はもうヤクザに興味を失っている。事務所へ戻ると、猪原さんが笑顔で待っていた。

山之内　はい終わりました。
猪原　おかえり、お疲れさま。はい。
山之内　有罪。
猪原　有罪でっか？　あー、それはしゃあないな。
山之内　一〇カ月。
猪原　一〇カ月刑務所に入ってきはったら？
山之内　違うの。入らんでいいの。執行猶予って知っとる？
猪原　そりゃ知っとるけどね。まぁ一〇カ月ゆっくりと入ってきはったら。ねぇ、フフフッ。
山之内　あぁーあ。
猪原　甘いコーヒーでも飲みまっか？
山之内　そやね、まぁこれで、それはそれなりに決着やな。それはそれなりに終わりや、フフフッ。
猪原　あー老後楽しみや。
山之内　老後ね。何しようかなぁ。
猪原　……そうか、有罪かぁ。

山之内さんは、このあとすぐ入院することが決まっている。

一審判決を受けて，負けることは分かっていたと繰り返しながらも「どこかに司法に期待している自分がいた」とポツリ

心筋梗塞で血管が詰まっていて、心臓の冠動脈までカテーテルを入れて血管を広げる手術をするんだそうだ。

裁判で負け、入院。追い込まれていく「ヤクザ弁護士」の象徴としてはピッタリの画。ただ、ここはあまり強調すると、「偏っている」と突っ込まれかねない。難しいところだ。事実なのだが、「いかにも」すぎる。

そんな私たちの悩みも知らず、山之内さんと猪原さんは「パジャマは引き出しの二番目」「はいはーい」と楽しげにやりとりしている。なんだか親子みたい。微笑ましいようなもの寂しいような。

この取材でおそらく最後になるであろうインタビューを撮る。

山之内　予想してたこととはいえ、やっぱりはっきりと宣告されますとね。引導を渡されると言いますか。もう要するに社会から消えろと言われてる気がしてしまう、ハハッ。ちょっとヒガミ根性かもしれんけども。あのーうん。……うん……うん。もういずれにしても社会からは消えていくと思いますね。表向いた社会からはね。静かな老後の生活があるだけだと思います。まぁ終わりですね。……もうよろしいですか、はい。

あくまでも淡々とした受け答え。二度目の奇跡は起こらなかった。その後は誰かに電話報告することもなく、山之内さんは事務仕事をしながら、ちびちびとコーヒーを啜っていた。

第5章　「暴排条例」とメディア　「忖度のくに」ニッポン

取材は、二〇一五年二月一〇日に終了。川口さんへのインタビューが最後の撮影となった。半年間、あっという間だった。何が撮れて、何が撮れなかったのか。ただ、ホンモノが撮れたということは間違いない。

『ヤクザと憲法』の中で、大きなテーマだった暴排条例。だが、取材が終わってから一年半、映画の上映もほぼ落ち着いた今になっても、この条例の実際が、よく分からない。もちろん暴排条例の成り立ちや文言は知っている。結局何がアウトで何がセーフかという本質的な部分については、曖昧なままだ。今でも、たまに若頭の大野さんから電話がかかってくることがあるが、「今度メシでも食おうや」と言われるとドキッとしてしまう。

取材という仕事ではない状態で、ヤクザと食事をするというグレーな領域へ入っていく気力は、今の私にはもうない。いつの間にか自分の中に、グレーは黒と見なしたほうが安全という、「一般市民の感覚」がしっかりと戻ってきている。

暴排条例が暴力団の存続すら危ういものにするほどの効果を上げたのは、アウトかセーフかの不明確な「線引き」によるところが大きかったのではないか。

ハッキリさせず、曖昧にした規則のほうが効果的だということを、この条例は教えてくれる。お上が

組事務所を家宅捜索する捜査員たち．表情もなくただ淡々と証拠写真を撮っていく

村から一人を選び、市中引き廻しの刑にすれば、それ以降は村人同士でささやきあって学んでくれる。お上の意図より多くのことを。

「忖度のくに」ニッポン。その国民性は江戸時代も今も変わっていないのかもしれない。

翻って今のメディア。「政治によるメディアへの介入」という話をよく耳にする。しかし、本当にメディアは介入されている純粋な「被害者」なのだろうか。自分たちで勝手に先回りしてはいないか。本作に携わってから、よくそんなふうに考えるようになった。ここにも忖度が大きな根を下ろしつつあるのかもしれない。

先日、優れたテレビ作品を称えるギャラクシー賞の表彰式に参加した際、壇上で、戦争をテーマに制作したテレビマンがこんなことを言っていた。「一度でいいから、まったく忖度しない番組を作りたいと思っていた」。メディア側が自分たちで勝手に、あるいは、より以上に空気を読んで、表現を控えている可能性は、大いにある。

天皇、原発、被差別部落問題……今のメディアにとって

「宮崎学に関する発言は放送されないでしょう．反権力だから」と本棚を見ながらつぶやいたナオト君

タブーとされるテーマはいくつかあるが、扱ってはならぬと定めた明確なルールが存在するわけではない。メディア側で、扱わないほうがよいのではと判断し、自主規制をしているだけだ。ヤクザもその中の一つだろう。ヤクザ組織への取材交渉はご法度。取材は警察発表に従い、だから捜査員の肩越しに撮影することになる。原稿は「ヤクザ」という単語を使用することなく、「暴力団」という表現を使う。これが、いわば暗黙の取り決めだ。

この不文律は、どんどんエスカレートしていく。最近では警察からの要請なのか、捜査員にモザイクをかけるケースが増えている。本来は公務中の捜査員に肖像権はないはずで、逆に、組員たちは罪を犯していなくても顔出しがまかり通っている。まさに「ヤクザに人権なし」が現実になりつつあるのだ。

私たちはその「常識」の外に出てみた。家宅捜索を受けるヤクザの側から撮影し、捜査員にモザイクもかけなかった。そして、メインタイトルに、ヤクザという単語を使った。いわば、忖度のない作品である。一体どんな結果が待ち受けているか内心不安だったが、警察から抗議や勧告、中止命令が出るようなことはなかった。報道部に家宅捜索が入るという事態も起きていないし、スタッフの誰かがクビになることもないし、東海テレビは平常通りの放送を続けている。あまりの平穏さにプロデューサーが拍子抜けしたほどだ。幽霊の正体見たり枯れ尾花、か。

テレビだからこそできる、ではなく、テレビだってやればできる。いつからそんな時代になってしまったのだろう。着々とメディアの萎縮は進行している。

権力に立ち向かうテレビ。闘うジャーナリスト。入社前に漠然とそんなイメージをこの業界にいだいていたが、その思いはアッサリ裏切られた。全員がガッチリと組織の中に組み込まれたサラリーマン、村人の一人だった。

世の中の不正を暴いてやろうなんていう誉れ高きジャーナリストは、もはや絶滅危惧種だろう。そんな人物はとっくにクビになっているか、早々煙たがられ、退社してフリーランスで活動するしかないのかもしれない。

マスコミが待遇のよい「憧れの就職先」の一つになってから、空気を読むのが得意な若者が集まってくるようになった。受験勉強というゲームを勝ち上がり、就職活動というパフォーマンスコンテストをくぐり抜けてきた猛者たち。会社という組織で上手に泳いでいく攻略法を見破るのはわけない。先輩や上司たちの姿を見て、「なるほど、こうすれば……」とすぐに察する。メディアだからといって、表現に携わる部署が社内で評価されているわけではない。むしろその逆だ。作るより管理するほうがエライ。そんな不文律が、社内には厳然として存在する。自社制作番組が少ないローカル局の場合は、さらにそ

追い詰められたヤクザたち．権力に抵抗する気力はもはや残っていないのだろうか

の傾向が顕著だろう。制作部や報道部などの「現場」から会社の幹部に上り詰めるというケースは、むしろめずらしい。報道部という組織だけを見ても、何十人と記者がいる中で、編集長のポストは一つしかない。さらにその上の報道部長は完全な管理職のため、また違う適性を持っていることが求められる。

つまり、テレビ局でジャーナリストを目指そうとすると、四〇代前半で一度「上がり」になってしまう。そして賢い若手社員は、その仕組みをすぐに見抜き、察する。彼らはどうするか。まず、現場への配属を希望しなくなる。さらに、「運悪く」現場に配属された場合も、なるべく事を荒立てないよう、上司のご機嫌をうかがいながら、右から左へ流れ作業を行なうようになる。

一番重要なのは、空気を読むこと。世の中の流行や世論をいち早く察し、その空気感に合わせたテイストの作品を作る。視聴者からのクレームに、上司からの叱責、部下の労務管理など、あらゆるリスクを絶妙のバランス感覚で回避し、誰も傷つかない「商品」を効率よく大量生産することだ。

メディアの振る舞いがネットで炎上することが日常茶飯事になった今、忖度に長けた人間の重要性はさらに増している。

そんな内部事情を知っているだけに、自ら首を絞めていくメディアが新たに手に入れた忖度の材料。その一つが「政治権力」であるような気がしてならないのだ。本当は表現したいのだが、圧力のせいで……という言い訳。

おそらく、恐れてはいるのだろう。でも、その幽霊の正体は、もしかしたら枯れ尾花かもしれない。確かめるためには覗いてみるしかない。もちろんリスクはある。幽霊が幽霊だったときは取り返しのつかないことにもなるだろう。それでも覗く覚悟があるかどうか。

今のこの業界には、その覚悟を持たずして、自分たちの過度な忖度を、あたかも権力のせいであるがごとくにする空気が蔓延しているように思えてならない。

一方、東海テレビのドキュメンタリー。現場は、忖度とは無縁の空間だ。スタッフは取材現場で、目の前に起きていることを必死で追いかけながら、取材対象に集中する。明日起こることさえ想像がつかないので先を読む余裕など微塵もない。一度編集に入れば国家権力やスポンサー、会社はもちろん、極端なことをいえば視聴者すら頭の中から消えてしまうことがある。

プレビューで見るのは、自分たちが伝えたいことがちゃんと入っているかどうか。どんなにゴツゴツしたVTRでも、そこに自分たちの何かが投影されていればプロデューサーは救ってくれる。

逆に、どんなにキレイにまとまっていてもそこに芯がなければ、イチからやり直しだ。世の中が見て正しいか正しくないかではなく、大事なのは、自分たちがいかに正直かどうかだ。正直に取材相手と向き合い、視聴者とも向き合い、そして自分たちとも向き合っているかどうか。求められるのは忖度よりも覚悟。覚悟さえあれば、最終的にはなんとかなるというのがスタンスなのだ。

これが前時代的なのか、最先端なのかは分からない。でも、そんな忖度しない作品作りを一番喜んでくれているのは、ほかでもない視聴者のはずだ。

『ヤクザと憲法』の放送後の反響は、九割が高い評価だった。ほとんどが「見えないものをよく見せてくれた」という感想だった。「反社会的勢力なんか扱いやがって」という声で埋め尽くされるかもしれないと予想していた私たちは驚いた。視聴者を信じて送り出せばきっと受け止めてくれるといいながら、その視聴者を一番信じていなかったのは、実は私たちだったかもしれない。しかし、この反響に、画面を通して作り手が本気かどうかが伝わる、そう確信した。

空気を読むことがよくない、とは言わない。でも、時には、空気を感じつつもあえてそれに抵抗する覚悟が重要なのだろう。もうすでに、その覚悟こそが、視聴者に問われる時代がやってきていると思えるのだ。

ヤクザと憲法とドキュメンタリー

映画が公開されて、各地の上映会でトークショーをするようになった。最後に質問タイムがあるのだが、一番困るのが、タイトルについて聞かれることだ。

「『ヤクザと憲法』というタイトルに込められた思いは？」「暴対法、暴排条例は憲法違反だと思うか」

ガサの入った後の事務所を見回る川口さん．何を考えているのか

そう聞かれると、思わず苦笑いしてしまう。なぜか。このタイトルはプロデューサーが、作品完成の一〇日くらい前に「思いついた。これは憲法だ！」と編集室に持ってきた。私は、その案を支持しただけだからだ。ここまで書けば分かるように、この作品は、憲法がスタートではない。

つまり、後付けの「憲法」であって、ヤクザと憲法の関係についてまっすぐに質問されると、歯切れが悪くなってしまうのだ。私は、「まずは、彼らの日常から何かを感じてもらうこと。その先に憲法ということについて考える機会があればなおさらうれしい」というような曖昧な返答をする。そして、プロデューサーは、私よりもう少し高尚なことを言う。それでも「後付けですけどね……へへへ」と付け加えるのを忘れない。

すると、質問した人は、ちょっと残念そうな顔をする。おそらく、憲法がもっと前に出てきてほしいのだろう。むしろそこから取材がスタートしましたと言ってほしいと思っているように感じる。「この作品は、暴対法、暴排条例の違憲性を訴えるために作りました。日本国憲法第一四条にのっとって、断固彼らを差別するべきではないというのが私たちの主張です」と。

しかし、残念ながら実際はそうではない。つまり、憲法ありきの作品ではないということだ。私たちは結果的に、憲法にたどり着いただけで、あらかじめ憲法問題を論じるためにヤクザの取材をスタートしてはいない。このことは重要だと思う。

会長の川口さんへのインタビューの中にこんなくだりがある。

――ヤクザと人権って……不思議な組み合わせに思えるが。

川口 うん、人権って、実際に被害受けてるからね、人権を盾にとって、ヤクザに人権ないんかって言うてるだけであってね。ヤクザと人権って並列させたら、なんか難しい問題になるけどやね、ほんなら我々に人権ないんかって反論してるだけのことでね。実害あるから、こないして声上げるだけで、別に同情してくれっていうんやない。事実を知ってくれっていうことや。それで個々の人が判断してくれたらええことやから。

驚いた。川口さんに活動家や思想家というイメージを重ねていたので、てっきり長年刑務所に入って勉強しているうちに本などで読み、頭で学んだ「人権」だと思っていたのだが、実際は違っていた。生活していくことがままならないところまで追い詰められる中で、ひねり出した苦肉の策だったのだ。

先に人権ありきではなく、結果としてたどり着いた人権。だからこそ川口さんの言葉には不思議な説得力があるのだろう。頭でっかちではない、ナオト君のいうところの「肉感的」な結論の導き方なのか

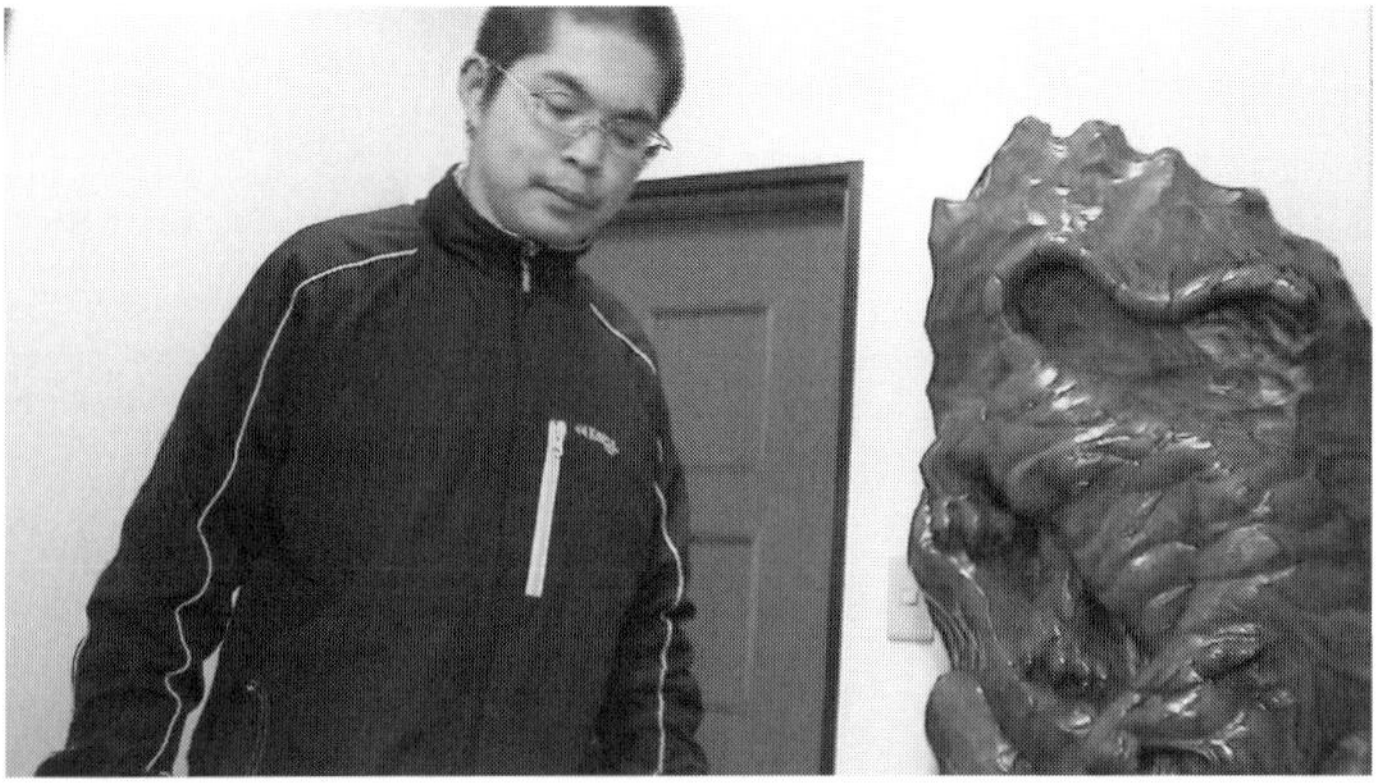

ナオト君との別れ．何度もヤクザを辞めるつもりはないかと聞いたが，答えは変わらなかった

もしれない。

この会長の話と、作品のタイトルの話は似ていはしないか。毎日事務所に通い、ひたすらカメラを回し、何か分からないものを撮る。そしてある程度たったところで、はじめて「これはどういう作品なんだろう」と考え、七転八倒しながら編集作業を繰り返し、そうして、憲法にたどり着く。川口さんは、日々の生活でどうしても納得できないことを幾度も経験し、その先に「そうだ、これは憲法の問題なのだ」とたどり着く。

どちらも一見、遠回りのように見える道のり。ゴツゴツぶつかりながら試行錯誤してたどり着く効率の悪い進み方。しかし、この順序は健全だ。先に結論ありきではないからこそ、不思議な重みがあるのではないか。毎日足もとを見て地道に歩き、漂いながら旅先でいろんな経験をしていれば、いつか、おぼろげにでも全体像や真実らしきものが見えてくることがある。いや、むしろこのやり方でないと本当は、何も見えてこないのではないか。

積み重ねて解を導く――帰納法にはない演繹法の強さ。

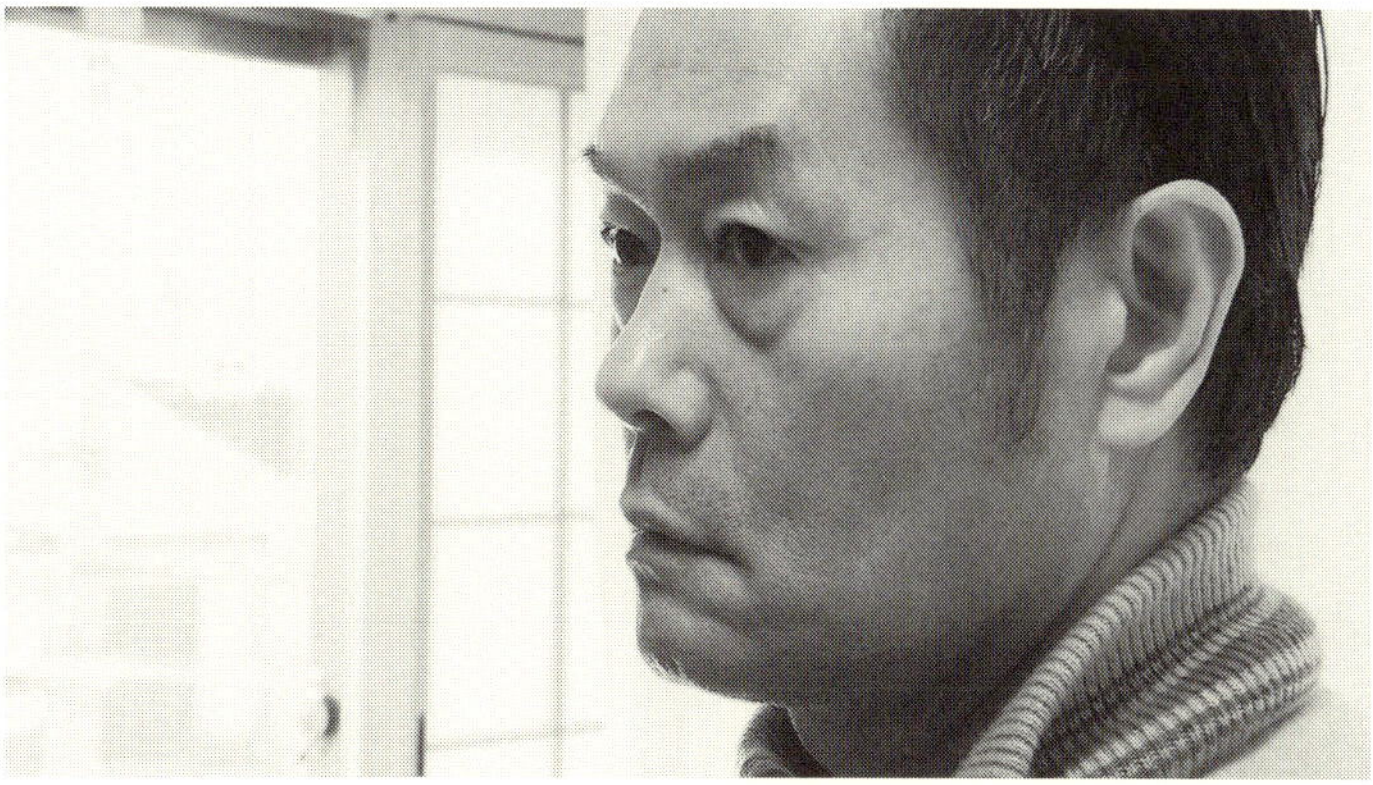

なぜテレビの取材を受けたかを問うと，「メリットなんかない．知り合いの頼みを受けるのもヤクザの仕事」と返ってきた

東海テレビのドキュメンタリーにはこの強さがある。そして、もしかしたら「ヤクザが訴える憲法」の新鮮さもあるのかもしれない。

だから、私たちは今日もタイトルについて聞かれるたびに、観客をガッカリさせて申し訳ないと思いながらも、正直に、でも胸を張って「後付けのタイトル」を明かすのだ。

先に結論ありきではないモノ作りの道行き。シノプシスを決め込んで撮影に行くのとは真逆の、手ぶらのドキュメンタリーだからこそ、それぞれのパーツすべてが本物であり、「肉感的」だと信じて。

――最後に聞きますが、取材を受けたのはなぜ？

川口　紹介者が言うて来たからやがな。

――カメラが入って得することは？

川口　マイナスしかあれへんがな。リスクは大きいがな。

――なぜリスクがあるのに受けた？

川口　え？　リスクも何も、正しいことは正しいやん。

――マスコミに期待することは？

川口　事実を伝えてくれなあかんわな、事実を。

――これからヤクザはどうなっていくと思う？

川口　警察が潰せへんやろ。潰したら自分らもご飯食い上げやがな。予算も下りへん。実際潰れてないやん。ある程度は潰したか分からんけど生き残ってるやん。捜査四課なくなったら予算下りへんやん。残ってもらわなあかんわ反対に、今度は応援してくれるか分からん、フフッ。頼むから残ってくれって残してくれるやわからへん。そやから正しい道さえ歩いてたら生き残ってくんちゃう。非道なことしたら、そりゃとことんまであれやろうけど。

――人権や法律を訴えている一方で違法行為をやっているが？

川口　食うためには誰かてみんなしてるんちゃう。国かて、違法なことしてるんちがうの？　そのために戦争するんちゃうの？　利権獲得するために。矛盾のない組織なんて、人間世界にあれへんやん。人と人が会ったらなにかの矛盾生まれてくるやん。そりゃ時には暴力も使うがな。悪い奴を懲らしめるがな、うちらかて。本当に認めないのなら、全部なくしたらええ。選挙権もみんな無くしたらええ。剝奪したらええやん。まともな仕事もしたらあかん、正業も持つなというんやったら。

――だったらヤクザを辞めればいいという話が絶対出てくるんですけど、それはどうですか。

川口　どこで受け入れてくれる？

終章　『ヤクザと憲法』の果実

二〇一六年七月

東京の渋谷区円山町。飲み屋とラブホテルの雑然とした通りに、車と人が行き交う。その一隅、ロフトナイン渋谷で『ヤクザと憲法』の上映と、トークイベントが開かれた。安田好弘弁護士、山之内幸夫元弁護士、そして土方宏史監督と私(阿武野)がパネラーだと告知されていた。定員は一二〇人。テレビ放送から一年四カ月、映画のロードショー開始から七カ月もたっている。どれくらいの人が集まるのだろうか。会場入りしてみると、作家の宮崎学さんが黒装束の集団の中にいた。近寄って挨拶をする。

「宮崎さん、こんにちは。お元気そうで何よりです」

「ああ、ありがとう」

「今夜は全員集合になりそうですね」

「あぁ、そうだね」

夜遅くなるので、体調を慮《おもんぱか》って宮崎さんはお呼びしていないと聞いていたが、気分がいいから来ちゃった、と今夜の宮崎さんはとてもご機嫌だ。いかつい面々は現役ヤクザのみなさんで、組長が使用者責任を問われて刑務所にいるのだと、宮崎さんが紹介してくれるのだった。私が全員集合と言ったのは、トークイベントのメンバーを指して言ったのではなく、この夜、二代目清勇会の川口和秀会長と大野大介若頭が来るかもしれないと知らせてきていたのだ。映画公開までの紆余曲折を思い起こすと、二人の登場に緊張しないわけにはいかなかった。取材者と取材対象との間で宮崎さん、安田弁護士も巻き込んで、激しい綱引きがあったからだ。

山之内元弁護士が現れる。いつもながらダンディなスーツ姿、満面の笑みで、小さく手を挙げる。今月、鹿児島の上映会に同行していただいたが、弁護士資格に関わる係争中の時より、はるかに健康的になったようだ。今も、やることはたくさんあるが、回顧録を執筆中だと語った。映画の舞台挨拶では、回を重ねるごとに、お話は自由度を増している。

二〇一五年一一月一九日、山之内さんは弁護士資格を失った。最高裁の上告棄却で有罪が確定したのだ。しかし、このところの山口組の分裂騒動について、組織の内情について語れるのは私だけですと涼しい顔で言うなど、弁護士時代の稀有な体験が、これからの山之内さんの老後も支えるのだろうと思うのだった。

楽屋で待機していると、満席を店の人が知らせてくれる。会長と若頭は、まだ姿を見せていない。上映が始まる。脇から会場を覗く。『ヤクザと憲法』では飲みながら、食べながらの上映は初めてだ。客層は、若い。そして、女性もかなりいる。その筋と思しき人たちも散見される。あるシーンでは笑い、あるシーンでは溜息が漏れる。映画公開後、いくつかの映画館に舞台挨拶に行き、映画と観客の様子を見てきたが、テレビと違って不特定多数が映像を共有する空間に立ち会う実感は何ものにもかえがたい。

安田弁護士、高田章子さんがにこやかに現れる。安田さんはポロシャツにチノパンというものの出で立ちだ。上映会場で映し出される映画の音声が聞こえてくる外のテラス席で談笑していると、大阪から主人公の二人が現れた。

　白のスーツに黒のTシャツの若頭、会長はTシャツに破れたデニムのパンツスタイル。いつもそうだが、何ともスタイリッシュだ。誰か衣装係が付いているのかと、軽口を若頭に向けると、「わしですねん」と言う。似合いそうだと店で見つけたものを購入して着てもらっているそうだ。親父さんに、息子がプレゼントしたファッション。今夜は大事な晴れ舞台なのだ。

テレビ放送の反響

『ヤクザと憲法―暴力団対策法から二〇年』は、二〇一五年三月三〇日、月曜日の深夜二四時三五分から東海テレビローカルで放送した。東海テレビの番組編成のタイムテーブルは、ゴールデンから二四時過ぎまでの、最も多くの人たちが見ている時間帯を全国ネットの番組で構築している。そのため、夜に自社作品を放送するには、いまのところ深夜しかない。

　私たちのドキュメンタリーは、通常、土曜か日曜の昼か夕方に放送している。他局のドキュメンタリーが深夜枠になっている中で、土日の昼の時間帯で放送を続けているのは、同じ局の仲間が作っているものを深夜に追いやるべきではないという考えがあってのことだ。今回の『ヤクザと憲法』についても、放送枠を決める編成部は、昼の時間帯で放送することを提案してきた。しかし、迷った末、私は深夜での放送を選択した。昼の放送枠のほうがたくさんの人に見てもらえるが、青少年に理解できる内容に落とし込むには、情報量が足りないかもしれない。さらに、極力ナレーションなど説明を少なく抑えたので、生活音の消えた深夜にじっくり見てほしいと考えたのである。作品専用のホームページを作り、以下の文章を載せて意見・感想を待つことにした。

プロデューサーより

疑問に思ったこと。知りたいと思ったこと。それが番組の原点です。取材、撮影、編集、ナレーション、整音、音楽、字幕、CGを作る……。そうして番組を放送する。これが、私たちの仕事の流れです。取り扱う題材に禁止事項を設けるべきではありません。むしろ、難しいことこそトライしたいと思っています。取材を通じて知ったことを、それを取材のプロセスも含めて描き出すことで、この時代の一端を伝えたい。そう思うのです。

かつて、『「山口組」―知られざる組織の内幕』(NHK特集)などヤクザの内部に入ってその様子を世に知らせるドキュメンタリーが何本かありました。しかし、この二〇年、取り締まりの際の断片的情報はありますが、暴力団の内側を描いた番組はありませんでした。その理由はわかりません。ただ、ヤクザのイメージと実態は、乖離しているようです。

「暴力団排除条例以降、ヤクザと接触ができなくなり、実態がつかめない」「ヤクザは地下にもぐり始めている」「ヤクザのかわりに半グレやギャングなど面倒な連中が蔓延してきた」。

この番組のディレクターは最近まで事件・司法担当記者で、捜査関係者からそんな話を聞いていました。テレビドラマや映画などで描かれるヤクザは縄張りをめぐって抗争を繰り返す輩たちで、拳銃を所持し、地上げに介入し、覚せい剤を密売する犯罪集団……。しかし、現実はそうではなさそうだ……。ディレクターは、暴力団対策法、続く、暴力団排除条例以降のヤクザの今を知りたいと考えました。

「取材謝礼金は支払わない」「収録テープ等を放送前に見せない」「顔のモザイクは原則しない」。これは、私たちがこの取材の際に提示する三つの約束事です。しかし、この条件に応えるヤクザはいません。彼らにとって、姿をさらしても、何の得もないし、警察に睨まれたくないのです。

そんな中、大阪の指定暴力団「東組」の二次団体「清勇会」に入ることになりました。半年に及ぶ取材の途上、組トップが全国の組関係者の実例を出して、「ヤクザとその家族に対する人権侵害が起きている」と言い始めます。ヤクザと人権……!? また、山口組の顧問弁護士を三〇年してきた弁護士を追いますが、自ら被告となった裁判などに疲れ、引退を考えていると言い出します。

徐々にヤクザの現実が見えてきます。

ヤクザの存在を擁護するつもりはありません。「社会」と「反社会」……。その一線はどこにあるのか。ヤクザを無くしていく、その道程を、振り返って考える時に来ているのではないか……。知られざるヤクザの実像から、私たちの社会の姿が見えてくるかもしれません。この番組に何を感じ、どう考えたか、どうぞ、ご意見をお寄せください。

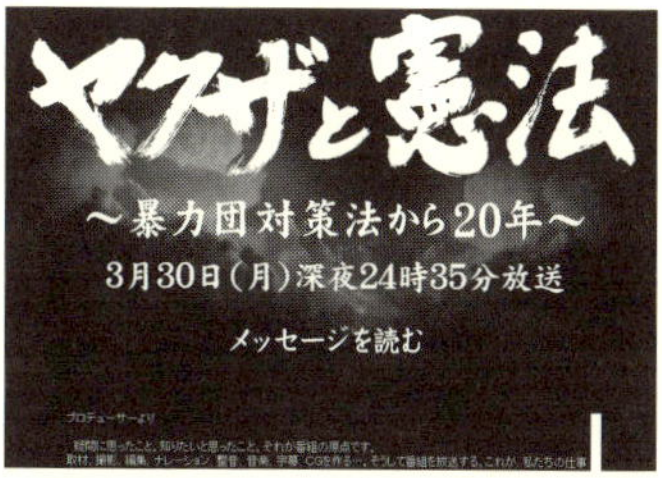

『ヤクザと憲法』東海テレビホームページ

『ヤクザと憲法』視聴者対応Q&A

テレビで表現することは、日々、窮屈になってきている。異論を持っている人が、感情的にインターネットで煽ったり、議論にならないようなとがった感情で表現者を攻撃してくることがある。そうなると、テレビという組織は弱い。批判に慣れていないので、組織がヨレヨレになって制作者を裸にして、矢面に立たせることだってある。だから、プロデューサーはスタッフを守るためには、最低限、プロテクトできることはしなくてはならない。たとえば、「視聴者対応Q&A」を、外部からの意見や苦情に答える部署のために、事前に作る。

Q　番組は、ヤクザを擁護しているのですか。

A　いいえ、ヤクザ、暴力団を擁護する意図はありません。ご覧いただいた通り、暴力団対策法以降の知られざるヤクザの姿、追い詰められていく暴力団の実態を知らせた番組です。東海テレビのホームページに「プロデューサーより」という文章を載せています。意見・感想を綴れるサイトがあります。そこに書いていただけると直接、制作者に伝わります。

Q　暴力団に、人権などないのではないか。

A　憲法第一四条は、「すべて国民は、社会的身分又は門地により差別されない」とあります。暴力団は、反社会的勢力で、悪いことをしたら厳しく取り締まるべきです。しかし、組員でも個々人は、憲法下にあるというのが法律の定説です(差別に合理的理由があり、必要最小限にしてやむを得ない場合でなければ、憲法違反になるという認識です)。平たく言うとヤクザに一切の人権は認められない、社会から抹殺してもいいとは言えないと思います。

Q　冒頭の野球賭博について、取材者は犯罪を見て見ぬふりをしたのか。

Ａ　あやしげなお金の勘定をしていると思い質問しましたが、犯罪行為とまでは分かりませんでした。取材中は、違法行為を放置しないという態度で臨んでいます。賭博は、賭ける人間と賭けさせる人間の両方が見えて初めて分かる行為です。賭博現場に出くわしたという認識はありません。

Ｑ　闇の中の商売について、見て見ぬふりをしたのではないか。

Ａ　突然の出来事で、禁制品の売買であるとは思いましたが、その物品が何か、問い詰めても組員は口を割りませんでした。現物を目撃することもできませんでした。当然、犯罪なら見過ごすつもりはありませんでした。

Ｑ　自損事故についての電話は、恐喝ではないか。

Ａ　組員の滑舌が悪く聞き取りづらいと思いますが、電話の相手は組員の兄貴分で、「保険会社にガツンと言ってくれ」と言っています。仲間内の電話で、恐喝していたわけではないと思います。

Ｑ　警察による組事務所への家宅捜索を撮影しているが、暴力団の肩を持っているような気がする。

Ａ　そのようなつもりはありません。組員が車の自損事故を起こし、家宅捜索は、車両保険をだまし取ろうとした詐欺未遂容疑で受けたものでした。通常、同行取材といって警察の後ろから撮影した映像を見ますが、捜索されるヤクザの側からの映像はとてもめずらしく、そのため違和感を持たれたのだと思います。警察の捜査妨害をしているわけでもなく、捜索を受ける事務所内を取材していたら、捜査員の生身の応対があぁだったという認識です。

電子メールの普及で、テレビ局に直接電話で意見や感想を寄せてくるケースは減っているが、生の声は貴重だ。反響を丁寧に拾うことは、世間の風を知ることであり、次の作品への手がかりになることもある。たとえば、光市母子殺害事件の被告弁護団の側から描いたドキュメンタリー『光と影』への意見として、「お前たちに被害者の気持ちが分かるのか」という批判があった。この意見の主は被害者遺族ではないようだったが、私たちは、遺族の心情について取材をしてみようと企画し、殺人事件の三人の遺族に接触した。『罪と罰―娘を奪われた母　弟を失った兄　息子を殺された父』(二〇〇九)という作品は、そうして制作された。遺族に成り代わって感情をとがらせ、厳罰化へと突き進む風潮の中で、結果として、遺族といえど一括りにできない感情があることを示すこととなった。これは、視聴者の意見を起点に作品表現が構築された一つの例である。

地域が支えるドキュメンタリー

視聴者対応の部署への電話は一五件、作品の専用サイトへのメールは六五件。個人を名指しして攻撃しているものを除きすべての意見・感想を公開した。メールは、一言ではなく文章として綴られているものが多く見られた。

「この番組はヤクザを擁護しているようで気持ち悪かったです。犯罪組織の肩を持つテレビ局、世論も舐められたものだと思いました」

ヤクザを扱ったことに対するこうした生理的な嫌悪が、反響の中心になるだろうと予想していた。しかし、現実は違った。

「よく撮れたなぁ」

「漫画でしか見たことがない世界」

「ヤクザはなくならない。認めて良いのか、複雑な気持ちになった」

「はじめてヤクザの実態が分かった」

「いずれ滅びる暴力団の日常をとらえた映像は貴重」

「白か黒か潔癖すぎるこの時代……」

「人権とは何なのかを考えさせられました」


『ヤクザと憲法』を視聴した多くの人たちが作品を深く読み込もうとしていると感じた。激しい非難も覚悟していたのだが、むしろ、寄せられた意見・感想が、私たちの足もとを支えてくれていると思った。言い方を換えると、同じ地域で同時代を生きる人々に作品を通じてメッセージが届き、コミュニケーションが成り立っていると心が熱くなった。テレビは、制作者は、そして作品は、地域に育てられるということを実感する出来事だった。

『ヤクザと憲法』は、在野でテレビ作品を評価しているギャラクシー賞で、その年のベスト一四作品の一つに選ばれ、また、二〇一五年の日本民間放送連盟賞では、テレビ報道部門で優秀賞に選ばれた。これは、『ヤクザと憲法』が、今の放送界で一定の位置づけがなされたことを意味している。評価のポイントはこう記されていた。「世間のタブーに挑戦する野心作です」「挑発的な企画を実現させた制作者と放送局の意気込みが見事であり、「そこでしか生きられない人々」の表情や言葉から、社会の在りようを考えさせられる作品である」。

政治権力からの圧力と、とがり続けていくクレーム社会の中で、萎縮していくテレビ。その表現世界を、少しでも広げたいと考えてきた私たちの試みを、外から見守ってくれている人々がいることに感謝した。

当事者たち

作品放送後、しばらく時間をおいて、清勇会の事務所に川口さんを訪ねた。

「岐阜の墨俣城《すのまたじょう》に花見に行ったら、知らん女の人たちにテレビに出てた人……と言われましたわ」と語り、大野若頭は、「撮ってほしくないもんばっかり撮りおって、しょうもない」。

言葉は荒いが、人懐っこい笑顔を見せた。それ以外は、特段の話はなかった。映し出された自分たちの日常について、感想を言葉にすること自体、恥ずかしいと思うような人たちなのだ。全国放送されることはないので、映画館で上映することで全国に届けたいと告げると、川口さんは言った。

「自由にしたらええ。どういうふうでも好きにやったらええ」

私にとっては久しぶりの組事務所だが、明らかに雰囲気が和んでいるように思えた。ヤクザとテレビ局員……。取材スタッフが長い時間をかけ、微妙な距離を保ちながら関係を築いてきたことがうかがえた。

「土方さんに、いま名古屋にいるで、と電話しても出てきてくれへんのですわ。お茶ぐらい一緒に付きおうてくれてもええのに。冷たいですわ」

若頭が言う。

「あの時は、仕事だったんですよ。本当に」

土方が答える。取材が終わっても、二人の間には、暴力団排除条例という法令が横たわっている。目の前の二人に、一番ブラックなドキュメンタリーが展開しているような気がした。

山之内幸夫弁護士は、事務所の二階にいた。事務員の猪原かをよさんが、老眼鏡の奥で大きな目をクリクリさせ、満面の笑みで迎えてくれた。

「元気してましたか」

「はあい、元気してましたよぉ。先生ー、来はりましたよ」

少し痩せたように見えたが、山之内弁護士の表情は穏やかだった。すでに、気持ちの整理がついているという様子だ。

「この一二月には、最高裁の決定が出るでしょう。それでボクは弁護士ではなくなります。それはそれでスッキリです」

最高裁から決定通知がきた時点で、自動的に、弁護士資格が剥奪されるという。山口組の分裂騒動の中で、顧問弁護士が不在になることについて尋ねた。

「財産というか、株というか、按分して分けなければなりませんね。しかし、まだ、両者ともチンチンに熱い状態ですから、今は無理ですね。いずれ、これは、私がやらなくてはと思ってます」

山之内さんは、弁護士の顔だった。

取材を始める前にアドバイスをもらった愛知県警のOBにも放送後に会った。現役時代、暴力団取り締まりの最前線にいた人なので、ヤクザ寄りの作品に見えたと憤慨するかもしれないと思ったが、反応は違った。

「民事介入暴力に関連する弁護士たちとの会食があって、その時、『ヤクザと憲法』の話題で持ちきりでした。古くから民暴を担当してきた弁護士さんが、暴力団を追い詰めて追い詰めてと一生懸命やってきたが、ヤクザにも人間として最低限の保障をすべきではないかと思ったと言ってましたよ。暴力団の生の声を聞ける良い機会だったし、よくあそこまで、ヤクザが取材に応じたなぁ……。若い部屋住みの青年の背景をもっと知りたいと思いました」

映画では、そのあたりをもう少し深く描くことを告げると、「映画に何人か連れていきますよ」と笑った。

公権力と映画『ヤクザと憲法』

映画化を考えたとき、二つのハードルがあると考えていた。一つは、二代目清勇会が難色を示すこと。しかし、川口さんは拍子抜けするほどの快諾だった。もう一つは、大阪府警から何らかのコンタクトがあること。しかし、警察からは、放送後、何の反応もないまま、月日が経過した。東海テレビローカルで、大阪での放送もなかったため、大阪府警の中ではなかったことにしたのだろうと類推した。しかし、ホームページなどを作って映画化を公表すると、警察は何らかの形で横やりを入れてくるのではないかと予想していた。

一万人の観客を動員できればヒットといわれるドキュメンタリー映画だが、新聞や雑誌、インターネットに載ったりして、テレビのローカル放送とはまったく違う広がりがある。その映画のシーンに大阪府警の警察官が出ている。映画の最後のシーン、河野事務長の逮捕に絡んで家宅捜索が行なわれる場面は、この映画になくてはならない衝撃だ。

時をロケ時点に戻してみる。取材班は組員の逮捕を組事務所で知って、私に電話をしてきた。

「組員が逮捕されました。警察の家宅捜索が近いはずです。このまま大阪に残っていいですか」

スタッフが公務執行妨害などで逮捕される危険を私は直感した。それは、テレビ局が組事務所に入って取材していること自体を警察は知らず、撮影をめぐって小競り合いになった場合、逮捕されかねないと思ったのである。中根カメラマンは、そぼ降る雨の中、建物の外で車を停めてカメラを構え、土方が手持ちのデジタルカメラを持って事務所の中で待機した。そして、その時がやって来た。

「捜査四課です」

かつて警察官の後ろから家宅捜索に同行するようなシーンをニュースでよく見たが、最近はそういう映像すら見ることが少なくなった。私も記者時代、暴力団取り締まり月間のお決まりの行事で、家宅捜索に同行した経験がある。しかし、警察が入ってくるところを組事務所の中で待ち受け、ヤクザ越しに警察官が捜索する様子など見たことがない。警察手帳を出し、所属を名乗り、捜査令状を示し、ガサ入れが始まる。手順を丁寧に踏んでいる。二代目清勇会と警察とのなんとも良好な関係が垣間見える。

土方は、カメラを回し続けた。事務所内にいた者はすべて人物の特定が行なわれた。土方も、氏名、生年月日、職業などを聞かれた。彼は、「会社員です」と事実を述べた。そして、カメラを回し続けた。

「もうええやろ。もうカメラを止めろ」

捜査員の荒っぽい言葉が飛ぶが、やはり土方をテレビ局員とは知らず、組関係者と思っているようだ。室内の防犯カメラも回り続けている。ヤクザも、今では事務所内部に何台もカメラを付けている。警察は自分たちの姿が録画されていることを知っている。このカメラがあることで、警察官が随分ソフトになったという。ガサ入れは淡々と進み、そして、何も出てこない。

土方は、粘り強く撮影を続ける。三階の集会部屋に上がったところで、捜査員の一人が大声で怒鳴る。

「撮るな。撮るなって言ってるやろ」

カメラのレンズを書類でふさぐ。

「家宅捜索の令状で、撮影の許可とは関係ないんじゃないですか」

土方は、食い下がる。しかし、捜査員は、裁判所の令状で排除できるんだぞと凄む。完全に土方を組関係者と勘違いしている。そこには、ヤクザに対応する警察官の生身の姿が映し出されていた。

ボルネオの妄想

二〇一五年一一月、マレーシア領ボルネオ、コタキナバル。いろいろなサルとマングローブホタルを見るために休暇をとったのだが、海を望むホテルで横になっていると、土方からメールが入った。

「三月に放送された番組についてお聞かせ願いたいと、大阪府警から電話あり。高校野球に関連したシーン、薬物取引とみられるシーンについてです」

ちょうどこの頃、『ヤクザと憲法』のマスコミ関係者向けの試写会は満席が続いた。試写会とはいえ

映画『ヤクザと憲法』先行試写会．上映後のシンポジウムでは，作家の宮崎学さん，安田好弘弁護士，阿武野勝彦プロデューサーと土方宏史監督が登壇した（2015 年 11 月 15 日）　主催／早稲田大学ジャーナリズム研究所，協力／ジャパンドックス

五〇足らずの席が埋まらないようでは、ロードショーが思いやられる。マスコミの反応はすこぶるよろしく、取材依頼も順調に入り始めた。一般への広がりのために、早稲田大学の小野記念講堂で先行試写会とシンポジウムも開いた。これも大盛況で、芸能人やマスコミ関係者がこの会でも目立っていた。本書についても、映画封切りにあわせて一月の刊行を目指して、執筆の追い込みに入っていた。しかし、突然、雲行きがあやしくなっていった。

放送から八カ月も時間が経過していて、何とも奇妙な問い合わせだった。意図は、そんな遠まわしなところではなく別にある。狙いは映画だ。映画化を企画した時点で私が予測していたコンタクトだ。川口さんに、大阪での上映はやめておきましょうかと、冗談半分で言ってみたのも、そういう直感があったからだ。安田弁護士と相談して、丁重にお断りするよう土方にメールを返した。

「聞き取りは、事実上、事情聴取のことで、放送への事後検閲にあたる。このため、今回のお話はお断りします」

安田弁護士からそう答えてもらった。大阪府警は、それから一度も接触してくることはなかった。ただ、府警にとって何が気に入らないのか、その内容が、府警担当の新聞記者などからの私への取材と称した電話から明らかになっていく。

だいたいこんな感じだ。府警捜査第四課は、『ヤクザと憲法』の映画化について知らなかったようだ。府警のサイバー担当の部署がネット検索していたところ、映画化がヒットし、そこで刑事部幹部の知るところとなり、その情報が捜査第四課の現場に下りた。府警ではテレビ版の『ヤクザと憲法』は入手済みで、名古屋でのローカル放送だったため放置することにしていたが、映画となると全国に出ていくことになる。府警の同僚が映し出されていることをどう考えたらいいのか警察は考えたのだろう。しかし、上映についてテレビ局に直接圧力をかけることはできない。公開もしていない映画を見せろなどと言えば、事前検閲であり、言論・表現の自由へのあからさまな介入となる。だから、放送から八カ月もたったテレビ作品の、その中で展開するヤクザの行為について問題視しているかのような電話をかけ、映画化について認知しているとプレッシャーを掛けたのだろう。

しかし、私たちは、この府警捜査第四課の「お聞かせ願いたい」をお断りした。警察が、これ以上の介入を表立って実行するとしたら、一つしかない。いわゆる暴力団排除条例を適用することだ。つまり、大阪で映画を上映する際に、「暴力団を利する行為」=「利益供与」だと認定し、映画館と私たち配給元に対して上映の中止命令を出すのだ。

暴排条例は、都道府県条例だから、東京や愛知には及ばないはずだ。私たちは、公開前にしっかりキャンペーンをうち、東京などでの上映を大阪よりも二カ月以上先行させ、話題作として世間にその存在を知らせることが大事だと考えた。そうなれば、大阪府警が上映の中止命令を出すには相当な覚悟がいる。つまり、憲法の「表現の自由」に抵触する大問題となるからだ。私は、平和裏に上映を進めたいのだが、もし暴排条例違反で大阪での上映が中止になれば、『ヤクザと憲法』は論議を呼び、他の都道府県で大きくブレイクするに違いないと考えていた。

ボルネオ、コタキナバルの夜。土方からのメールの後、妻と海辺を歩き、レストランで食事をしてホテルに戻ったが、なかなか眠れない。私の脳裏には、東海テレビに家宅捜索が入るシーンが浮かんで離れない。報道部長や報道局長が危惧していた通りの大問題だ。表現の自由といいながらも、題材が暴力団であることで世間の共感は得られない。会社の中で孤立し、最後は辞表を出す……。いやいや、表現の自由に対する圧力だと局内が団結し、ピケを張る。もみ合いの末、公務執行妨害で同僚が逮捕される。その一部始終をカメラに収めて映画に取り込む。これは、問題作だ。いやいや……。

しかし、そのようなことは何も起こらなかった。その後、取材対象から、警察に関連するシーンについての相談を私たちは幾度も受け、激しくやりとりすることになるが、その詳細をここに披瀝することはできない。私たちには、取材対象を守るという大原則があるのだ。

キワモノか、ド真ん中か……

『ヤクザと憲法』は、二〇一六年一月二日、東京でロードショーを始めた。いったい誰が見にくるのだろうか、ホンモノの人たちは見にくるだろうか、いろいろ考えた。しかし、「ヤクザ映画はやっぱり

映画『ヤクザと憲法』初日．満席の劇場で舞台挨拶をする阿武野勝彦プロデューサーと土方宏史監督（ポレポレ東中野　2016年1月2日）　提供／東風

正月でしょう」と、少々悪乗りだが、二日から東京のポレポレ東中野で公開を始めた。初日の劇場は、満席、立ち見で札止めとなった。その後も人が人を呼び、アンコール上映が続き、全国で五〇館を超える映画館で九月までロングランを続けた。そして、入場者は四万人を超えた。ドキュメンタリー映画では、一万人を超えるとヒットだといわれているので、『ヤクザと憲法』は大ヒットの部類となった。

　しかし、なぜこんなにたくさんの人たちが見にきてくれたのか。その分析はしていない。ただ、表現したいことをテレビで放送し、そして、映画に展開することで、今の世の中にささやかながら、私たちの視点を提示できたと思っている。

　私たちは、これまでに「司法シリーズ」と名づけたドキュメンタリーを一〇本制作してきた。名張毒ぶどう酒事件に関連するドキュメンタリーが、その源泉である。名張事件の関係では『重い扉』（二〇〇六）、『黒と白』（二〇〇八）、『毒とひまわり』（二〇一〇）、『約束―名張毒ぶどう酒事件　死刑囚の生涯』（二〇一二）、『ふたりの死刑囚』（二〇一五）と続く。そこから派生して、『裁判長のお弁当』（二〇〇七）では、裁判所の内部に長期にカメラを入れ、『検事のふろしき』（二〇〇九）で同様に検察庁にも取材を試みた。また、『光と影―光市母子殺害事件　弁護団の三〇〇日』は、裁判制度を否定しかねないバッシング社会のありようを映し出し、『死刑弁護人』への道を開いた。さらに、被害者家族の気持ちが分かるのかという批判に対して、一様ではない感情についても『罪と罰』（二〇〇九）で捕捉してきた。そして、本作は、この中で、『光と影』が切り開いた系譜として位置づけられる。世論の逆風の中であえて視点を開示するために乗り出した作品だ。

川口さんに，最後に私たちに伝えたいことは？ と問うと「真実を伝えてほしい」と一言

制作途上で報道局内で展開された論議を短く記しておく。『光と影』は、世論を敵に回したとしても最終的には弁護士が主人公で、裁判という民主主義の根幹を問うものだと主張できたが、今回はどこまで行っても取材対象が暴力団で、誰の共感も得られないのではないか。人権は善良な市民にあるのであって、黒い手の男たちに適用されると考えるべきではない。ヤクザを扱うこと自体が異例で、世間を敵に回して、作品を作るポジションから排除されるおそれがある。これらは積み上げてきた実績を壊してしまうようなことなので、やめたほうがいいという親身なアドバイスであった。

序章に詳述したが、私も、幾度も尻込みをした。この企画を棚上げにしたいとも思った。しかし、最後の一線で、描けない対象を設けるべきではないと決断した。金銭至上主義が招いた社内の不祥事や、世に蔓延する自主規制の風潮の中で、報道の原点に戻れと口にしてきたことが、腹の中でグツグツと煮えたぎっていた。タブーを作っては元も子もない。「たとえヤクザでも、それでも人間なのだ」という視座を持てるか、それがこの作品の根っこだ。

映画『ヤクザと憲法』は、編集作業が進むにつれて、ヤクザへのシンパシーが拭えなくなっていった。悪事を働く、その存在を肯定することはあり得ない。しかし、人間扱いもされず排除される姿は、いかにも社会的マイノリティだ。

強面のカナリア……。ヤクザが、そんなふうに見える瞬間があった。カナリアは、毒物をいち早く嗅ぎ分けて鳴いて知らせ、そして、命を落とす。特例を設けて、人権も憲法も蹂躙《じゅうりん》して構わないというやり口は、いつか、一般社会に及ぶのですよ、とカナリアは鳴いているのではないか。しかし、彼らは粗暴で強面だから、人々は見て見ぬふりをしてしまう。見たくないものでもあえて顕在化させ、社会に波風を立てる、それが私たちの仕事ではないかと思うのだ。

私たちのこうした一連の作品が「境界を越える」と称されたことがある。枠を越えたと言われれば、悪い気はしない。しかし、考えてみれば、線を引いて「例外」「特殊」を作り出し、「外」へと押し出す論理は、どこか「排除」の構造に似ている。いい気になっちゃダメだ。「キワモノ」としてカッコでくくって、自分は変わらなくていいという思考回路。それこそ、危ない。社会には、異物を排除しようとするエネルギーがいつも充満している。そして、私たちは、ギリギリを表現しようとしているのではなく、ド真ん中を表現しようと取り組んでいると言いたいと思った。繰り返そう。『ヤクザと憲法』。これは、私たちにとって、キワモノでも変化球でもない。ドキュメンタリーのド真ん中のストレートだ。

特別寄稿

ヤクザは絶滅危惧種

安田好弘（弁護士）

ある日、突然、東海テレビの阿武野さんと土方さんから、ヤクザを紹介してほしいとの依頼が入った。弁護士だったら、もしかして顧客にヤクザがいるかもしれないというのである。私たちよりも、より多く社会と接触の機会があるマスコミの人たちでも、ヤクザが稀有になっていることに驚いた。本当に、ヤクザは絶滅危惧種になってしまったのだろうか。

そして、できあがった作品の法律監修を依頼された。この映像が原因で登場人物が逮捕されないか見てほしいという依頼だった。確かに、いろいろなことを暗示させる場面が三カ所あった。私は、逮捕の危険性の程度を正確に伝えた。その結果、制作者はその場面をカットしないことを選択した。私もそうであって欲しいと望んでいた。のちに、大阪府警からクレームがついた。映画化にあたり、撮影したときの状況について事情を聞きたいというのである。私は、代理人として、府警の担当者に「テレビ放送に対する事後検閲であるし、映画化に対しては事前検閲ではないか」と反論し、事情聴取を拒否した。しかし、その担当者は、憲法が禁止している「検閲」という言葉自体知らなかったようだったし、相手が事情聴取に応じないことに驚いていた。

『ヤクザと憲法』これは、憲法第二一条二項にのっとり、検閲を拒否した作品でもある。

一九九二年、「暴力団員による不当な行為の防止等に関する法律」(暴対法)が施行されて、暴力団に対する取り締まりが強化・拡大され、公的な暴力団追放運動態勢が敷かれた。都道府県の公安委員会が、特定の暴力団を指定し、そこに所属する暴力団員による暴力を背景とした種々の要求行為を禁止し、暴力団への加入の慫慂《しょうよう》や強要、離脱の妨害を禁止し、またヤクザ同士の抗争時には事務所の使用を禁止できるとしている。そして、これと同時に、政府と地方自治体が資金を拠出して、全国と各都道府県に暴力追放運動推進センター(暴追センター)を設置し、官民一体となって暴力団追放の運動を展開し、また被害者の相談にのり、離脱者を支援することも定められている。

この法律は、のちに十数回も改訂され、そのつど、取り締まりの対象が拡大され、処罰が重くされてきた。当初、一一項目に過ぎなかった暴力的要求行為が二七項目にまでなり、国や地方自治体に対するクレームについても新たに規制の対象にされた。また、準暴力的要求行為という新たな概念を導入して、指定暴力団員がその暴力団員以外の者に暴力的要求行為と類似の行為をさせることも規制の対象とし、さらに特定危険指定暴力団という屋上屋を新設し、面会や電話やメールや徘徊までも禁止できるとした。暴力団の組長に対しては、組員の行為に対する民事責任を負わせ、組事務所の使用差止等については暴追センターが当事者に代わって裁判を行なえるようになった。罰則は、一年以下の懲役もしくは一〇〇万円以下の罰金であったのが、三年以下の懲役もしくは五〇〇万円以下の罰金に強化されている。

そして、この法律に呼応して、各都道府県で暴力団排除条例(暴排条例)が制定された。例えば、二〇一一年に施行された東京都の暴排条例では、都民全員に対し、暴力団排除に役立つ情報を得た場合は都に通報すること、都が実施する暴力団排除活動に自主的に参画協力することを義務化している。また教育に携わる者に対しては青少年が暴力団に加入しないように指導することを求めた。お祭りや花火大会などの主催者や運営者には暴力団を関与させないように定め、民間の事業者には契約の相手方が暴力団関係者ではないことを確認するように、そして契約書には相手が暴力団関係者であると判明した場合は契約を解除できる条項を定めることを求め、不動産の譲渡・賃貸にあたっては、相手がそれを組事務所に使用しないことを確認するよう、その契約書には組事務所に使用した場合には契約解除や買い戻しの条項を定めるよう規定している。さらに暴力団事務所を学校や図書館、博物館などから二〇〇メートル以内に新たに開設することを禁止しているし、暴力団員は青少年を組事務所に立ち入らせてはならないことになっている。民間の事業者は暴力団員の暴力的要求行為に対し、利益を供与してはならないとしている。また、その他の条例等により、暴力団は公共事業から完全に排除されている。

このような国家による規制によって、暴力団は収入源を失い、暴力団員は減少した。そして、ヤクザは、社会から排除され、銀行でローンを組むことはもとより預金口座を開設することすらできず、不動産を借りることも、ホテルに宿泊することも、ゴルフ場に行くこともできなくなっている。ヤクザが子どもの学校給食費の引き落としすらできないで困っているという報告もある。

現実に暴力団の構成員は法律の施行前の六万三八〇〇人から、二万一〇〇〇人(二〇一六年警察庁発表)と三分の一になっており、ヤクザによる犯罪も確実に減少傾向にある。そして、今や、ヤクザは、絶滅危惧種になろうとしている。

暴対法に対しては、制定当時、ヤクザだけを特別重く処罰するものだとして、憲法第一四条の法の下の平等や同二一条の結社の自由や同二二条の職業選択の自由の保障に反して違憲だとする意見や、暴力団に対するだけでなく他の労働組合や市民団体にも濫用される危険があるのではないかとの指摘もあったが、国会では、上程後ほとんど議論されることなく全党一致で可決された。

確かにヤクザは危険なものとして存在する場合が多い。ヤクザが企業に雇われ労働組合を襲い、市民から土地を取り上げ、公共事業や裁判所の競売物件の入札に介入した事例は枚挙にいとまがない。

私も、弁護士という仕事をしていて、ヤクザが山谷の労働者に対してむき出しの暴力で襲いかかった場面に居合わせたし、遂にはそのリーダーが路上でヤクザに射殺される場面にも出くわしたこともあった。

一九六〇年から九〇年にかけて、ヤクザは山谷で日雇労働者を相手に路上賭博をやり、また「日雇労働被保険者手帳」に貼る、雇用保険給付のための印紙(横流しされたヤミ印紙)を、仕事にありつけなかった労働者に高額で売りつけて利ざやを稼いでいた。これを止めさせようと労働者が労働組合を作って立ち上がった。このころ、劣悪な労働環境に怒った労働者の暴動が多発していた。暴動の発生を抑えることのできなかった警察は、ヤクザの力を借りることにした。当時、ヤクザは用心棒として雇い主に雇われ、労働条件に不満をいう労働者をむき出しの暴力で押さえつけていた。こうしたことから、労働組合とヤクザは対立・衝突したが、警察は労働者を捕まえることはあってもヤクザを捕まえることはなかった。

また、一九八八年の奄美大島で、石油備蓄基地建設反対に立ち上がったヒッピーの若者たちの家に、ヤクザがダンプで突っ込み、彼らに瀕死の重傷を負わせた事件(無我利道場事件)を担当したこともあった。若者たちは、奄美大島の自然が破壊されるのに反対したのだったが、村の有力者たちは土地が高く売れるとしてヤクザを使って反対運動を押さえ込もうとした。ヤクザは宣伝カーを家の前に横付けして連日威嚇を行ない、遂にはダンプで突っ込んでいった。その時も、警察は事前にこれを止めようとはしなかった。

さらに、一九九二年、板橋の町工場の親族間の争いで、一方の当事者がヤクザを使って株主総会をつぶしにきた場面にも遭遇した。彼は委任状を手にして大声を張り上げてまわりを威嚇し、階段を踏み鳴らして駆け上がり株主総会の会場に入ろうとした。もっとも、この時は、弁護士が立ちふさがるという予想外の展開に退散し、難を逃れることができた。

以上のように、彼らの暴力は容赦がなく、危険であり、執拗であった。だから、ヤクザの根絶に賛成する人も多いだろうと思う。

しかし、私は、かつて、弁護士会の民事介入暴力対策委員会(民暴委員会)に所属していたとき、その委員の一人が、ヤクザを挑発して脅迫的な言葉を引き出し、それを録音して警察に届け出て逮捕させたことを自慢げに話しているのを聞いた。また毎年企業の総務担当者を対象に株主総会対策の講座を開き、集まった人たちに名刺を配ってまわる民暴委員の姿を見た。さらにヤクザが絡む事件を困難事件と称して一般の事件の一・五倍もの報酬を約束させて民暴委員が受任し、電話一本で、警察から、相手が本当にヤクザかどうか、どういう犯歴かの情報を得るという、警察との特殊な関係を見た。そして、民暴委員会って何だろうと考えさせられ、民暴委員を辞めたこともあった。

いずれにしても、私は、ヤクザに対してだけ特別な法律を用意してヤクザを広く重く処罰し、しかも国家がヤクザを悪であると一方的に決めつけて社会を先導して暴力団排除の運動を展開し、さらに市民に対してヤクザとの関係を遮断するように迫り、生活のあらゆる場面からヤクザを排除する、そういうやり方でヤクザを社会から根絶するのが良いことだろうか、そういう疑問を感じた。そもそも、ヤクザが社会の害悪であったとしても、これを根絶させてしまうのが果たしていいのだろうか。清濁あわせ呑むのが私たち人間の社会ではないだろうか。害悪が根絶された無菌社会ほど怖いものはないのではなかろうか。それは何かの拍子にポキッと折れてしまいそうな危うい社会なのではないだろうか。

また、悪い奴だから排除するという思想もいただけない。悪くても排除しない、悪くても共存を求める思想のほうが安心していられるのではないだろうか。とりわけ、政府が国民を動員して排除運動をやるそのやり方は、かつての社会浄化運動、さらには民族浄化運動を彷彿とさせる。法の下の平等とは、有害無害にかかわらず、等しく平等に扱うということではないか。確かに、彼らの収入源の一つとされている賭博や脅しや恐喝、禁止薬物の販売等は犯罪であるが、それはそれとして一般人と同じく取り締まれば足りるのではないか。山谷の労働組合の場合も、警察が公平に対応しておれば、あのような悲劇にはならなかったはずだ。さらに、ヤクザは決して違法な収入だけで生活をしているのではない。そのような不安定な収入だけではとても生活することはできないだろう。露天商の上がりは合法的な収入であるし、みかじめ料は、恐喝でない限り違法な収入ではない。風俗営業や興行もそうである。そして、日常生活や近所づきあいでは、常に暴力的であることはなく、地域社会に溶け込んでいる場面もある。

私は、ヤクザはれっきとした職業だと思う。小説や映画の世界ではかつて、ヤクザはスターであった。もっとも、私が付き合ったヤクザの人たちの多くは、貧困や虐待の中で十分な教育も受けることがない環境で育ち、学校や社会から落ちこぼれ、あるいは排除されてドロップアウトした人たちだった。ほとんどの人が、少年院や刑務所に行った経験があった。しかも多くが、病におかされ、親分からわずかな小遣いを与えられ、まともに住むところもない人たちだった。他方、中学校を卒業し、行くところがなくヤクザに拾われたものの、厳しい上下関係の中で、ヤクザが務まらず、そこからさらにドロップアウトした少年もいた。みんなが一生懸命生きていた。それを、一方的に排除し、またヤクザから足を洗わせることが本当に良いのだろうか。私は、ヤクザが害悪であるとすれば、いずれ自然淘汰されるだろうから、それに任せるべきではないかと思う。

これらの法令により、新たに多くの組織が作られ、多くの公的資金が投入され、また警察職員が天下りをしている。暴追センターの下には民間の運動体も組織されている。これらが、やがて自警団の役割を果たし、社会浄化の行動隊にならないだろうか。そして、そこからは、差別と排除の思想が拡大再生産されるのではないだろうか。風紀委員が跋扈《ばっこ》する社会、それは居心地が悪いだけではすまない。恐怖であり、危険、私は大いに危惧している。

あとがき

『ヤクザと憲法』は、これまでのドキュメンタリーを通じて出会った人々のお蔭で成立した作品である。いま考えると、これまでの出会いは、この作品を生み出すために神様が仕組んできたのではないかとさえ思えてならない。

『光と影』『死刑弁護人』のときには取材対象だった弁護士の安田好弘さんには、今回、取材の入口を作ってもらい、法律監修までお願いした。取材対象が警察に逮捕されるという事態は避けたいとお願いした法律監修では、いくつかのシーンについて犯罪の立件につながるかどうか、理路整然と、分かりやすく解説してくれた。そればかりか、監修のために見てもらった粗い編集段階の映像で、「このままでは、ヤクザ寄りだと思われ、テレビを見た人の中に不快に思う人がいるかもしれませんよ」と、さりげないバランス感覚のアドバイスもくれた。そして、映画化に関連して、警察の「事情聴取」への対応では、言論・表現の自由に介入しようとしているという認識すらない当局の姿勢が重大問題だと示唆してくれたし、取材対象としばらく続いた揉み合いにも、独特の安定感で応対してくれた。さらに本書へも玉稿を寄せてくださった。

作家の宮崎学さんには、清勇会の川口和秀さんを紹介してもらった。体調を崩していても、お願いすると赤坂のお決まりのホテルの、お決まりの喫茶の席で、タバコを燻らせながら、ヤクザの世界を知らない私たちにたくさんの助言をしてくれた。

川口和秀さん、大野大介さん、二代目東組のみなさん、二代目清勇会のみなさんは、得になるようなことは一つもないのに、取材の扉をことのほか大きく開いてくれた。一つの作品を作ったあと、長い友人関係が構築されるのが普通だが、ヤクザとテレビ局員という間柄では、現行法のもとでは、それもままならないが、現実はともかく、私たちの心の中に、友人としてい続けてくれると思っている。

高田章子さん、県警ＯＢの梶浦正俊さん、ノンフィクション作家の鈴木智彦さん、溝口敦さんには、お忙しいのに時間を割いてお会いしてくれたことに深く感謝したい。そして、紆余曲折あったが、本書が出版できたのは、岩波書店の中嶋裕子さんと、『戸塚ヨットスクールは、いま―現代若者漂流』『名張毒ぶどう酒事件　死刑囚の半世紀』で編集を務めてくれた関係で、今回も陰日向になって支え続けてくれた渡辺勝之さんなくしては考えられない。この場を借りて感謝の気持ちを伝えたい。

ドキュメンタリーは、クソまじめで堅苦しいものに思われがちで、本書も映画と同様に、タイトルのわりには憲法との関連に突っ込みが足りないと感じるかもしれない。しかし、開き直りではなく、今の私たちにできるのは、この程度ですと披歴しつつ、誰も描かなくなった世界のその舞台裏を素直にお見せしたい。それが何かの出発点になるのではないかと思うのだ。本書をきっかけに読者のみなさんをドキュメンタリーの醍醐味へと誘えたなら、この上ない幸せである。

二〇一六年九月二三日

阿武野勝彦

阿武野勝彦（あぶの かつひこ）
映画『ヤクザと憲法』プロデューサー
1959年静岡県生まれ．同志社大学文学部社会学科卒業後，東海テレビ入社．アナウンサーを経てドキュメンタリー制作．劇場公開作品として『平成ジレンマ』『死刑弁護人』『約束―名張毒ぶどう酒事件　死刑囚の生涯』『ホームレス理事長―退学球児再生計画』『神宮希林―わたしの神様』など．共著に『シリーズ　日本のドキュメンタリー』『映像が語る「地方の時代」30年』『戸塚ヨットスクールは，いま――現代若者漂流』『名張毒ぶどう酒事件　死刑囚の半世紀』(以上，岩波書店)．

土方宏史（ひじかた こうじ）
映画『ヤクザと憲法』監督
1976年岐阜県生まれ．上智大学文学部英文学科卒業後，東海テレビ入社．制作部でドラマやバラエティ番組のAD，ディレクターを経験したのち2009年に報道部に異動．『ホームレス理事長―退学球児再生計画』でドキュメンタリー映画を初監督．公共キャンペーンスポット「戦争を，考えつづける．」で2015年ACC賞グランプリ(総務大臣賞)を受賞．

ヤクザと憲法―「暴排条例」は何を守るのか

2016年10月28日　第1刷発行
2017年 3 月15日　第3刷発行

編　者　東海テレビ取材班

発行者　岡本　厚

発行所　株式会社 岩波書店
〒101-8002 東京都千代田区一ツ橋 2-5-5
電話案内 03-5210-4000
http://www.iwanami.co.jp/

印刷・精興社　製本・三水舎

ISBN 978-4-00-002329-0　　Printed in Japan

名張毒ぶどう酒事件　死刑囚の半世紀

東海テレビ取材班

四六判二五四頁
本体一九〇〇円

シリーズ 日本のドキュメンタリー［全5巻］

佐藤忠男 編著

四六判二三〇〜二五六頁
本体二二〇〇〜三三〇〇円

1 ドキュメンタリーの魅力（DVD付）
2 政治・社会編
3 生活・文化編
4 産業・科学編
5 資料編

岩波書店刊

定価は表示価格に消費税が加算されます
2017年2月現在